الإسلام
والغرب

الإسلام والغرب

نظرة جديدة إلى عصر الأزمات

أحمد بول كيلر

ترجمة: عاطف عثمان

دار جامعة حمد بن خليفة للنشر
HAMAD BIN KHALIFA UNIVERSITY PRESS

دار جامعة حمد بن خليفة للنشر
صندوق بريد 5825
الدوحة، دولة قطر

www.hbkupress.com

جميع الحقوق محفوظة.

لا يجوز استخدام أو إعادة طباعة أي جزء من هذا الكتاب بأي طريقة دون الحصول على الموافقة الخطية من الناشر باستثناء حالة الاقتباسات المختصرة التي تتجسد في الدراسات النقدية أو المراجعات.

إن الآراء الواردة في هذا الكتاب لا تعبر بالضرورة عن رأي الناشر.

الطبعة العربية الأولى عام 2023

الترقيم الدولي: 9789927164095

تمت الطباعة في الدوحة - قطر.

مكتبة قطر الوطنية بيانات الفهرسة – أثناء – النشر (فان)

كيلر، أحمد بول، 1942- مؤلف.

[Rethinking Islam & the West]. Arabic

الإسلام والغرب : نظرة جديدة إلى عصر الأزمات / أحمد بول كيلر ؛ ترجمة عاطف عثمان. - الطبعة العربية الأولى. - الدوحة، دولة قطر : دار جامعة حمد بن خليفة للنشر، 2023.

124 صفحة ؛ 24 سم

تدمك 978-992-716-409-5

ترجمة لكتاب: Rethinking Islam & the West : a new narrative for the Age of Crises.

1. الإسلام -- القرن 21. 2. الشرق والغرب 3. الحضارة الإسلامية. أ. العنوان.

BP161.3 .K44 2023

297.0905– dc23

202328646745

المحتويات

التصدير 7

المقدمة 11

سلطة السردية الحالية 11

الفصل الأول: السيادة 27

الفصل الثاني: الحضارة 39

الفصل الثالث: المعرفة 51

الفصل الرابع: التجارة 63

الفصل الخامس: الفن والبيئة 71

الفصل السادس: الغزو والتوسع 83

الفصل السابع: عصر الأزمات 109

الخاتمة 117

مسرد المصطلحات الرئيسية 121

مسرد الأعلام 123

مسرد الكتب 126

التصدير

الوقت أواخر شهر مارس 2019، الشحارير تصدح، وأشجار الكرز قد أينعت. موسم تجدُّدٍ أضع فيه اللمسات الأخيرة على هذا الكتاب الذي بدأت في تأليفه قبل سبع سنوات، وأنا على مشارف عامي السبعين. شجعني كثيرون على كتابة الأفكار والتأملات التي شاركتها مع الأصدقاء والزملاء على مدى سنوات عديدة. كنت مترددًا بشأن تأليف هذا الكتاب، ولكن بعد أن تلقيت الدعوة من مركز الدراسات الإسلامية في جامعة كمبريدج لأكون زميلًا زائرًا، تيسَّر لي اختبار أفكاري في محاضرات وندوات أجريتها مع الطلاب وأعضاء هيئة التدريس، فكان الاختبار محفزًا لي على إكمال المهمة.

لقد نشأت في ظل السحابة الكثيفة للقنبلة الذرية، وما زلت أذكر مقدار الرعب الذي أثاره إلقاء تلك القنبلة في النفوس. كنت من أول جيل يُدرك أن بإمكان البشر تدمير أنفسهم، وإفناء الحياة بكافة أشكالها على سطح الأرض.

هذه القوة الجديدة تفصل جيلنا عن جميع الأجيال السابقة. فمنذ تصنيع القنبلة الذرية، طوَّر البشر العديد من الوسائل الأخرى للتدمير الشامل. ونحن الآن محاصرون بأزمة بيئية، وبتحذيرات العلماء من الأخطار التي تواجهنا، والتي صار صوتها أعلى من أي وقت مضى. إن الأثر الذي يتركه إنتاج البشر على الطبيعة هائل للغاية، إلى درجة أننا نتسبب في تغيير المناخ. والاحتباس الحراري هو تذكير دائم لنا بأن أمرًا ما أساسيًّا يكتنفه الخطأ، وأننا نتجه صوب كارثة.

لكن الأزمة البيئية ليست وحدها ما يهدد بقاءنا. فنحن محاصرون بمشكلة الانفجار السكاني، وبالأزمات المالية، وبعدم الاستقرار الاجتماعي والسياسي، وبزيادة الأمراض النفسية في أوساط الشباب، فضلًا عن مجموعة من المشكلات الأخرى؛ إذ يبدو أن البشرية قد ضلت طريقها. لكننا جميعًا في مركب واحد، ونتشارك كلنا هذا الكوكب الأزرق البديع الذي رأيناه للمرة الأولى عن بعد، عندما التقطت صوره من سطح القمر. وإذا لحق دمار بالأرض، فسوف نتأثر جميعنا بطبيعة الحال.

إن ما يحدث في ركن من أركان عالمنا المترابط، يصل تأثيره إلى باقي أركانه في التو واللحظة. فنحن نشهد التوترات المتزايدة، واندلاع العنف بين الدول وفي المجتمعات المحلية داخل الدول، في الوقت الذي تتكشف فيه فصول تلك الأحداث.

نحن ممزقون في المملكة المتحدة بسبب انفصالنا عن المجموعة الأوروبية، فهذا الانفصال مزق أمتنا، وسمَّم حياتنا السياسية. ومنذ مدة قُتل خمسون مصليًا وهم يؤدون صلاة الجُمُعة في مسجدين في مدينة كرايست تشيرش في نيوزيلاند[1]. وتزامنت تلك المذبحة مع اكتظاظ الميدان الرئيسي في المدينة بآلاف الأطفال. كان هؤلاء الأطفال يتظاهرون ضد الاحتباس الحراري في إطار حركة متسعة على نطاق العالم، ويلقون باللوم على البالغين لعدم تعاملهم بجدية مع مشكلة التغير المناخي ومما يهدد مستقبلهم. وفي إنجلترا، في اليوم التالي للمجزرة، جرى تحطيم نوافذ خمسة مساجد. وفي هولندا، قَتَلَ مسلم خمسة أشخاص في عربة ترام[2]. يفاقم الخوف والكراهية والانتقام من فداحة دائرة الرعب.

لكن شتان بين تلك الأحداث والمشهد الحاصل منذ نحو أربعين عامًا مضى! ففي عام 1976 أقيم مهرجان في لندن احتفاءً بحضارة الإسلام. وقد شمل «مهرجان العالم الإسلامي» -كما أطلق عليه- عشرات العروض التي نسقها مجلس بريطانيا العظمى للفنون، وافتتحته جلالة الملكة. في تلك الفترة، لم يعرف الناس عن الإسلام سوى القليل، وكانت الاستجابة للمهرجان رائعة. كانت روعة الحضارة الإسلامية وإنسانيتها وعبقريتها التي هيمنت على العالمين الإفريقي والأوراسي لأكثر من ألف عام بمثابة كشفٍ. واستقبل الجمهور ذلك الحدث استقبالًا حسنًا لحرصه على التعرف إلى عالم غير مألوف بالنسبة له. غير أن هذا الاستفتاح الواعد سرعان ما طواه النسيان؛ إذ لم تنقضِ سوى ثلاث سنوات حتى هيمنت على المجال العام صورة مختلفةٌ تمام الاختلاف عن الإسلام مع اندلاع الثورة الإيرانية. كانت تلك بداية استقطاب بين صورتين مشوهتين للإسلام والغرب، كانت ذروته بعد أحداث سبتمبر و«الحرب على الإرهاب».

تقع في مركز هذا الكتاب فكرة أننا نعيش الآن في «عصر الأزمات»، ونحن مستمرون على هذا الوضع منذ تصنيع القنبلة الذرية. إن الواقع الدائم المتمثل في أننا يمكن أن ندمر

---

(1) نفَّذ عنصري أسترالي هجمة إرهابية على المسجدين في 15 مارس 2019 في أثناء صلاة الجُمُعة، راح ضحيتها 51 مصليًا، وجُرح أكثر من 40 آخرين. [المترجم]

(2) أطلق تركي مسلم النار في ترام في مدينة أوتريشت في 18 مارس 2019. [المترجم]

أنفسنا ونمحو جميع صور الحياة على كوكب الأرض بطرق عديدة يحيق بوجودنا. وتتضمن الصفحات الآتية محاولة لفهم كيف وصلنا إلى عصر الأزمات، ومحاولة تفكيك الالتباس والعداء اللذين يحكمان العلاقة بين الإسلام والغرب الآن.

ولكي يتحقق ذلك، أقترح تغيير المنظور عبر إيجاد سردية جديدة تشتمل على مجموعة معايير. إن سردية التقدم هي التي تقود العالم الحديث، ولقد حشدت التاريخَ كله في أعقابها؛ بينما يُنظَر إلى الإسلام وثقافات ما قبل العصر الحديث من منطلق تلك السردية الزجاجية. لكن الفكرة الحديثة عن التقدم تخص الغرب على نحو استثنائي، ويصبح حظُّها من المنطق قليلًا عندما تطبَّق على الإسلام ومجتمعات ما قبل العصر الحديث؛ لذا أقترحُ على مدى الصفحات الآتية أن نستبدل بمعيار التقدم معيار التوازن، وهو مبدأ محوري في الحضارة الإسلامية، وهو بحق شرط مسبق أساسي لاستدامة أي ثقافة أو حضارة. يمكن النظر إلى عصر الأزمات بوصفه ناجمًا عن اختلال التوازن الذي حدث في أسلوب حياتنا الحديث؛ أي اختلال التوازن بين الجانبين المادي والروحي، وبين أنفسنا وبيئتنا التي نحيا فيها.

يبدأ الكتاب بمقدمة تعرض الحجج المؤيدة لسردية جديدة، وتوجز معيار التوازن الكامن خلف هذه الأطروحة. ويتألف الجزء الرئيسي من الكتاب من سبعة فصول، يشتمل ستة منها على موضوعات تطبَّق أولًا على الإسلام ثم على الغرب. وهذه الموضوعات قد نسميها مكونات رئيسية في تشكيل العالَمين وتطورهما التاريخي. أما الفصل الأخير فيتناول عصر الأزمات، وتلخص خاتمة موجزة كيف ينظر إلى الإسلام والغرب من منظور التوازن. وأضفتُ مسردًا بمصطلحات ومبادئ ظهرت في هذه الدراسة، وبعضها مصطلحات صُكَّت حديثًا.

والمأمول أن ييسر هذا التحليل المقارن فَهْمَنا لعصر الأزمات، وأن ينير أفهامنا كي ندرك العالم الحديث، ويمكِّننا من رؤية الإسلام والحضارة الإسلامية في ضوء أوضح.

إن هذا الكتاب هو ثمرة خبراتي في الحياة، وعلى طول رحلتي أسهم كثيرون في فتح عيوني على أمور كثيرة وأسهموا في نمو إدراكي بشأنها؛ لذا أود أن أشكرهم جميعًا، لا سيما من دعموا بحثي وشجعوه وأسهموا فيه، ومن عملوا على تحرير هذا الكتاب وإنتاجه على مدى السنوات السبع الماضية. أما أي خطأ أو سوء تقدير فيه فيقع على عاتقي وحدي بطبيعة الحال.

كمبريدج، مارس 2019

المقدمة
سلطة السردية الحالية

يرتبط العالمان الإسلامي والغربي بجيرة تتجاوز 14 قرنًا. وقد اشتد عود العالم الغربي تحت ظل الحضارة الإسلامية، ثم غزا الغرب بقية العالم، وأخضع جميع الثقافات والحضارات الأخرى بما فيها العالم الإسلامي، في انقلاب درامي للأدوار، عقب عصر النهضة الأوروبية. أذِنَ هذا التحول ببروز العالم الحديث، وهي حقبة لا تشبه مطلقًا أي حقبة أخرى سبقتها. وقد حدث تطور رئيسي في هذا التحول في عصر الاستنارة[1] إذ برزت سردية طرحت فكرة التقدم الإنساني. كان ذلك المفهوم ثوريًّا وحل محل السردية المسيحية للخلاص.

رأت هذه السردية الجديدة أن الألفية المسيحية المنصرمة كانت عصرًا للظلمات خضع لهيمنة الجهل والخرافة. وصارت تلك الألفية تعرف باسم العصور الوسطى، وهي فترة تقع بين التنوير الذي أتى به القدماء والنور الذي أتى به العالم الحديث. ثم أُدرجت الحضارة الإسلامية في هذه السردية تحت عنوان «العصر الذهبي الإسلامي» الذي تزامن مع العصور المظلمة لأوروبا، وهو عصر حافظت فيه الحضارة الإسلامية على مشعل المعرفة اليونانية والرومانية مضيئًا. وقيل إن المسلمين انزلقوا إلى حالة تدهور وركود بعدما سلموا مشعل المعرفة إلى الأوروبيين الذين سرَّعوا عجلة التقدم. والعالم الإسلامي الآن هو جزء من العالم النامي الذي يتعين عليه اللحاق بالغرب. وخلاصة القول: إن هذه السردية تحكي عن انتصار الغرب، وكيف تأخرت باقي المجتمعات بما فيها المجتمع الإسلامي.

---

(1) عصر الاستنارة (the Enlightenment): هو الفكر السائد في القرن 18 في أوروبا وأمريكا؛ تأسيسًا على أعمال: فرانسيِس بيكون، ونيوتن، وديكارت، وجون لوك وآخرين؛ إذ تنامى اعتقاد بوجود قانون طبيعي ونظام للكون، وزادت الثقة بالعقل البشري والرغبة في التفكير في جميع المسائل الدينية والعلمية والاجتماعية والاقتصادية والسياسية على أساس نهج علمي وعقلاني؛ ما شجع نظرة علمانية للعالم وإحساس عام بالتقدم الحتمي للبشرية. من أشهر مفكري الاستنارة في فرنسا: فولتير، وروسّو، وديدرو، ومنتسكيو، وفي إنجلترا: جوناثان سويفت، وديفيد هيوم، وآدم سميث، وجيرمي بنثام، وفي أمريكا: توماس بين، وبنجامين فرانكلن، وفي إيطاليا: فيكو، وفي ألمانيا: إيمانويل كَنط، وهيردر، وليسينغ. [المترجم]

قارب فلاسفة ومفكرو القرنين الثامن عشر والتاسع عشر تجلي فكرة التقدم التي صاغوها بطرق متباينة تمام التباين. فقد رأى إيمانويل كَنْت التقدم بحسبانه «خروج الإنسان من شرنقة انعدام النضج التي فرضها على نفسه». أما هيغل فقد رأى أن الهزات الاجتماعية والثورات المستمرة في التاريخ الأوروبي الحديث تعني حتمًا أن الحرية والتقدم يتجسدان في الأوروبي وحده. وبحسب ما يرى هيغل، فعندما تهتز الحالة السياسية والاجتماعية الراهنة (الفرضية thesis) بسبب صراع أو معارضة (الفرضية النقيضة antithesis)، تنتج الثورة حريةً إنسانية وتقدمًا اجتماعيًّا أكبر (التخليق synthesis). ورأى هيغل أن فترات السعادة هي صفحات بيضاء في التاريخ، وهي أوقات تغيب فيها الفرضية النقيضة، ووصل إلى استنتاج مفاده أن «تاريخ الصين لم يُظهر أي تطور. فالصين والهند يقعان خارج مسار التاريخ العالمي». أما كارل ماركس فرأى أن المجتمعات البشرية وهي تسير في طريقها نحو التقدم لا بد لها أن تمر في مرحلة الشيوعية البدائية، ومجتمعات العبيد، والإقطاع، والرأسمالية، والاشتراكية قبل أن تصل في نهاية الأمر إلى الشيوعية الكاملة. أما أوغست كونت فرأى أن الأسلوب العلمي هو الضامن الوحيد للمعرفة؛ وقد حل الأسلوب العلمي محل الميتافيزيقا في التطور الاجتماعي للإنسان. ورأى كونت في قانونه عن التقدم الإنساني أن المجتمعات البشرية لا بد أن تمر عبر ثلاث مراحل: اللاهوتية، والميتافيزيقية، والإيجابية أو العلمية. بينما رأى هربرت سبنسر، سيرًا على خطى تشارلز داروين، أن التقدم ليس حادثًا بل ضرورة؛ إذ يجب أن تتطور الإنسانية حتى تصبح كاملة ومثالية، وهذا الكمال ليس متاحًا إلا للأوروبيين بما أن السمات الجسدية النمطية للتقدم لها حضور «أقوى عند الأوروبي مقارنة بالهمجي». وكان سبنسر هو من صك مصطلح «البقاء للأقوى»، لا داروين.

إن سردية التقدم راسخة في أعماق وعينا، وتغذي لغتنا، وقد شكلت الطريقة التي نفكر بها، وهي السردية العالمية التي تدفع العالم الحديث. وفي ثقافتنا المعاصرة ثمَّ تمييز حادٌّ بين الكلمات الإيجابية مثل: «ابتكار»، و«تطوير»، و«تغيير»، و«أحدَثَ ثورةً»، و«متطور» من ناحية، والكلمات التي تحمل دلالات سلبية مثل: «العصور المظلمة»، و«العصور الوسطى»، و«رجعي»، و«ماضوي»ـ من ناحية أخرى.

إن ما يبدو إنجازًا للحداثة لا يقبل الجدل، قد صاغه الاقتصادي الأسترالي وولفغانغ كاسبر بوضوح على هذا النحو:

«في مقابل الركود والبؤس لأمد بعيد، إن سجل الرخاء المتزايد على مدار القرنين الماضيين، لا سيما على مدى السنوات الخمسين الماضية، مذهل بحق».

ويجادل أنتوني بِرتون في كتابه «صعود الملك القطن وسقوطه» (The Rise and Fall of King Cotton) بأن الثورة الصناعية أنقذت البشرية من المشقة والجوع اللذين كانا من سمات الماضي:

«كان العالم القديم معنيًّا في الأساس بالبقاء على قيد الحياة. كان ذلك مجتمعًا زراعيًّا، متوازنًا دومًا، على حد الكفاف الذي يفصل الكفاية عن التضور جوعًا. أما العالم الحديث فهو دينامي، متأقلم مع فكرة النمو الاقتصادي المتواصل. ولن يجادل سوى قلة قليلة من الناس بأن التضور جوعًا أفضل من الكفاية ورغد العيش، ولن يكون في وسعهم أن يجادلوا بأن الانتقال من حالٍ إلى أخرى كان ممكنًا من دون التحول إلى التصنيع؛ لذا، من المنطق أن نقول: إن التحول إلى التصنيع مرحلة أساسية لا بد أن يمر بها الإنسان حتى يحظى بحياة كريمة».

ويغذى الإيمان بالتقدم الإنساني، الذي لا يرقى إليه شك، السياسة عبر أرجاء العالم، على نحو ما نتبين سواء من تصريح السيِناتور الأمريكي جون ماكين: «لطالما كانت القوة الأعظم لأمريكا تكمن في رؤيتها المفعمة بالأمل حيال التقدم الإنساني»، أو تصريح رئيس الوزراء الصيني لي كه تشيانغ: «التغيير يستلزم الابتكار، والابتكار يفضي إلى التقدم».

ومع ذلك بدأت التصدعات تظهر الآن في هذا الصرح القوي للغاية. ومع أن فلاسفة ومفكرين شككوا في نظرية التقدم الإنساني على مدى أكثر من مائة عام، إلا أن القلق بشأنها يصل الآن إلى الجماهير. إن المعايشة المتجددة المتصلة للحربين العالميتين المفزعتين في القرن العشرين، عبر اطلاعنا على الكتب والبرامج الوثائقية وأفلام هوليوود في محاولة لفَهْم الأهوال والفظائع التي ارتكبت فيهما، تقوِّض فكرةَ التقدم الإنساني بحد ذاتها. حاول عالم الكون لورانس م. كراوس أن يعارض الرؤى المرعبة للمستقبل التي تظهر في أفلام مثل «Mad Max» و«Blade Runner» و«The Matrix»؛ إذ قال:

«غالبًا، بل في الغالب الأعم، يبدو لي أن ثمة رؤية ديستوبية للمستقبل في الخيال العلمي، تُصوِّر أن العلم يجعل العالم مكانًا أسوأ. والواقع أن العلم

جعل العالم مكانًا أفضل بكثير. فبفضل العلم يعيش البشر حياة أسعد بكثير، وأكثر صحة إجمالًا، ويتمتعون بأعمار أطول بكثير».

في الوقت نفسه، تقع الرأسمالية -حصن التقدم- تحت الحصار في وسائل الإعلام وفي الشارع. وقد صرحت رئيسة الوزراء البريطانية تيريزا ماي في دفاعها أخيرًا:

«إن اقتصاد السوق الحر، الذي يعمل بموجب قواعد ولوائح سليمة، هو أعظم عامل للتقدم الإنساني الجمعي ابتكره البشر على الإطلاق. وهذا المزيج الجديد هو الذي قاد المجتمعات إلى نور العصر الحديث خروجًا من الظلام والركود».

بهذا التصريح الواضح وضوح الشمس، صاغت تيريزا ماي تلك الفرضية الزائفة التي تكمن وراء نظرية التقدم، وهي تحديدًا المغالطة الحديثة الكبرى التي تذهب إلى أن الإنسانية أُنقذت من ماضٍ يهيمن عليه الشقاء والركود والفقر، بعد أن غمرها نور العصر الحديث. تحكي السردية الحديثة قصةً عن كيفية حدوث الثورة الصناعية في إنجلترا نتيجة مزايا اجتماعية واقتصادية ومادية معينة حظيت بها، وبأنها وثبت إلى الأمام وثبةً أدخلتها إلى عالم من الوفرة والتطور، تاركة وراءها الصراع من أجل البقاء. وحذت أوروبا حذوها، في حين يحاول باقي العالم أن يلحق بها.

أما الحقيقة فهي أن عالمًا يضم ثقافات وحضارات عديدة نجحت في مراكمة معارف شاسعة بشأن إمكانية العيش في استدامة وتوازن مع العالم الطبيعي، قد دُمِّر وأُعيد ترتيبه كي يخدم النظام الصناعي. كان عالمًا من التنوع البيولوجي والثقافي، وكانت مجتمعاته منظمة من أجل منفعة سكانه، وقد أنتج فنونًا وعلومًا بالغة التطور تدعم أساليبهم في الحياة، وكانت تلك الفنون والعلوم مكرسة لخدمة ممارساتهم الدينية المتنوعة. غير أن الإفقار الذي حدث لتلك الحضارات في القرن التاسع عشر، بفرض العمل في مزارع السخرة والمناجم والمصانع المستغِلة، كان نتاج ما اقترفته أيدي الأوروبيين؛ ونتيجة هذا التدمير للثقافات والحضارات الحية خرجت الثورة الصناعية، وبرز العالم الحديث إلى الوجود.

ولحسن الحظ، جمع الأوروبيون في مكتباتهم ومتاحفهم جميع الأدلة التي تتيح رؤية ما حدث بالفعل، والبقايا الحية لتلك العوالم ما تزال بين أيدينا. إن الهول الحقيقي لما حدث في مراحل بناء الإمبراطوريات الأوروبية وترسيخ قواعدها وتحلُّلها، لم يبرز إلى النور إلا

في الوقت الحاضر. والأجيال التي وُلدت بعد أن تلاشت تلك الإمبراطوريات وانحلَّت، لم تقع في فخ الأساطير التي حيكت في نسيج سرديات الإمبراطورية، بل نراها حاليًّا تفكك هذا النسيج بسرعة. فلو شاهدت فيلم «الريشات الأربع» (The Four Feathers) الذي صدر في عام 1938، وتدور أحداثه في أثناء الحرب الكولونيالية البريطانية في السودان في القرن التاسع عشر، سترى عقلية مختلفة تمام الاختلاف عن عقلية اليوم. يقدم الفيلم البريطانيين بوصفهم رجالًا يمتازون بشرف وولاء وشجاعة بلا حدود، بينما يُظهر بأن المحاربين السودانيين لا مبرر لوجودهم إلا لكي تحصدهم الأسلحة المتفوقة، مثلما كان الأمر عند تصوير «الهنود الحمر» في أفلام رعاة البقر التي كانت رائجة في أربعينيات وخمسينيات القرن العشرين.

ويُنتج الباحثون والصحافيون، الذين غالبًا ما يرون رأي العين صنوفًا من المعاناة والتهجير في العالم ما بعد الكولونيالي الذي نعيش فيه، دراسات رصينة عن كل جانب من جوانب الماضي الذي يمكن الوصول إليه عبر السجلات المفصلة التي احتفظ بها الأوروبيون. وفي الوقت نفسه، يفحص الباحثون الشباب في العالم ما بعد الكولونيالي، الذين تدربوا في مجال بحوث الطب الشرعي الأكاديمي الغربي، السجلات التاريخية، ويحاولون جمع تفاصيل ما حدث بالفعل في فترات الإمبراطوريات الأوروبية.

أساطير عديدة تفككت، وواحدة من تلك الأساطير التي نفخر بها نحن البريطانيين هي إلغاء الرق. يذهب الْفَهْم العام إلى أن الرق ألغي بفضل الجهود البطولية التي بذلها وليام وِلبرفورس في عام 1807. وواقع الأمر أن تلك السنة شهدت إلغاء تجارة الرقيق فحسب. أما إلغاء الرق نفسه فلم يتحقق إلا في عام 1834. وما من شك في أن ولبرفورس وآخرين بذلوا جهودًا في تلك القضية النبيلة، لكنَّ فريقًا من الباحثين من «كوليدج لندن» اكتشف أدلة ألقت ضوءًا مختلفًا تمام الاختلاف على هذه المسألة؛ إذ وقع تحت أيديهم مئات الدفاتر التي تحوي تسجيلات تخص تعويضات دُفعت إلى مالكي العبيد مقابل تحرير عبيدهم. فقد دفعت الحكومة ما يعادل اليوم 17 مليار جنيه إسترليني إلى نحو 46 ألف شخص يملكون أسهمًا في ملكية 800 ألف عبد في غرب الأنديز. ولم يتحرر العبيد على الفور من نير الاستعباد، بل كان عليهم أن يعملوا لفترة انتقالية إضافية. وهكذا وضعت كل الترتيبات لتصب في مصلحة ملاك العبيد وحدهم. ولم يحصل العبيد أنفسهم على أي تعويض، وغالبًا ما أُعيد توظيفهم بوصفهم عمالة رخيصة.

وقد تحرر العبيد الذين عملوا في مزارع قصب السكر، التي كانت فخاخًا للموت، حال أن استطاعوا ذلك. وقد تناول بقية القصة ديفيد دابيدين، مؤلف كتاب «أوديسا كولي» (Coolie Odyssey)، الذي انتهى المطاف بأسلافه إلى العمل وَفْق نظام السخرة التعاقدية[1] في غرب الأنديز.

فبعد خسارة عبيدهم، قدَّم مُلاك مزارع قصب السكر التماسًا لدى الحكومة البريطانية، لتمرير قانون يتيح العمل بالسخرة. وقد عارضه وزير الخارجية آنذاك اللورد جون راسل معارضةً شديدة إذ عدَّه رقًّا خلف ستار آخر، غير أن الحكومة مررت القانون نتيجة ضغوط اللوبي القوي لملاك المزارع. وأعقب ذلك القانون 80 عامًا من نظام السخرة، وهو أفضل قليلًا من الرق؛ إذ نُقل مليون ونصف المليون هندي، ممن تسببت السياسات البريطانية الخاصة حيال بيئتهم الريفية في إفقارهم، إلى أماكن مختلفة من الإمبراطورية للعمل في المزارع والمناجم المملوكة للبريطانيين. ولم تنتهِ تلك الممارسة الشائنة إلا في عام 1917 عندما قاد غاندي حملة لإلغائها في أثناء عمله بالمحاماة في جنوب إفريقيا.

لقد عبَّر فلاسفة ما بعد الحداثة، أمثال فوكو ودريدا وبتلر[2]، عن خيبة الأمل في الحداثة وانقشاع الوهم، وسددوا ضربة قاضية لفكرة التقدم. وتحظى أفكارهم برواج في جامعات الغرب، وتتسرب إلى التيارات السائدة في المجتمع. وتطعن فلسفتهم في السلطة الهرمية، وتحول كل شيء إلى حالة من النسبية. وهذا نقد لا يفيد البشرية إلا قليلًا، مع أنه في واقع الأمر التجلي الأخير والختامي للمسار الهابط للغرب.

---

(1) سخرة تعاقدية (Indentured servitude): نوع من العمل بالتعاقد دون حصول العامل على راتب لعدد سنوات محدد، مقابل سداد دين. عندما جُرِّم الرق في القرن التاسع عشر حلت محله السخرة التعاقدية. وصارت السخرة الوسيلة الأساسية لجلب عمالة رخيصة بعد عام 1833؛ إذ نُقلت تلك العمالة، لا سيما الهنود والصينيين، تحت مظلة هذا النظام، إلى المستعمرات البريطانية في فيجي، وملايو، وكوينزلاند الشمالية، والكاريبي. (دراسات ما بعد الكولونيالية – المفاهيم الرئيسية- ص 318، المركز القومي للترجمة، 2010). [المترجم]

(2) ميشيل فوكو (1926- 1984)، فيلسوف فرنسي اهتم بسؤال المعرفة والسلطة وكيف تحدد المجتمعات حدودَ الطبيعي والشاذِّ في وصف الإجرام والجنون والجنس. جاك دريدا (1930- 2004)، فيلسوف فرنسي، وناقد أدبي، وأحد أعلام الفلسفة التفكيكية التي هيمنت على النقد الأدبي في ثمانينيات وتسعينيات القرن العشرين. جوديث بتلر، فيلسوفة أمريكية من أصول مجرية وروسية يهودية، تهتم في دراساتها بالنسوية، والهوية، والجندر. [المترجم]

لكن ماذا عن الغزو الآخر الذي شنته الحضارة الأوروبية، وهو غزو الطبيعة؟ لقد ثبت أن هذا الغزو أسفر عن انتصار باهظ الكلفة. صحيح أننا حققنا بلا شك كثيرًا مما تاق إليه فيلسوف الطبيعة فرانسِيس بيكون في القرن السادس عشر «بأن ننتزع من الطبيعة أسرارها ونستغل قواها». لكننا في سبيل ذلك تسببنا في أزمة بيئية تهدد بدمارنا. فقد صارت الأزمات المتعددة والمتفاقمة ذات الأبعاد غير المسبوقة وغير المتخيلة تحيط بالإنسان المعاصر.

• عصر الأزمات

لقد قذفت القنبلة الذرية بالبشرية إلى عصر جديد، عصر أمكننا فيه للمرة الأولى أن نتصور دمار الحياة على الأرض بأيدينا. ومنذ انشطار الذرة ابتكر العلماء في معاملهم وسائلَ أخرى عديدة يمكنها إحداث دمار شامل، لكنهم، في الوقت عينه، حذرونا من أننا بتنا نقف على عتبة إفناء الحياة. وقد لخصتُ فيما يأتي بعض النقاط الرئيسية في انكشاف هذه الأزمات.

في عام 1947 وضعت «نشرة علماء الذرة» (The Bulletin of the Atomic Scientists) ساعة ترمز إلى الهلاك الكوني. وكان المقصود من تلك الساعة أن تكون تمثيلًا رمزيًا للتهديد الذي تمثله حرب نووية كونية محتملة على الكوكب. ومنذ عام 2007 دلت الساعة أيضًا على التغير المناخي والتطورات الحديثة في عالم العلوم والتكنولوجيا التي يمكن أن تلحق ضررًا بالإنسانية يتعذر إصلاحه. كان توقيت «منتصف الليل» في تلك الساعة الرمزية يرمز إلى الكارثة الكونية الافتراضية. وللإشارة إلى مدى اقتراب العالم من تلك الكارثة، رمزت النشرة إلى عدد الدقائق المتبقية على حلول «منتصف الليل». في بداية تأسيس الساعة في عام 1947 كان الوقت المتبقي على «منتصف الليل» 7 دقائق. وقد تراجع عقرب الدقائق وتقدَّم 23 مرة منذ ذلك العام. وكان أقرب وقت إلى «منتصف الليل» هو دقيقتين. حدث ذلك في عام 1953 وفي يناير 2018 بسبب «التهديدات الوشيكة بحرب نووية وبسبب التغير المناخي». ومنذ يناير 2019 ما تزال الساعة تقف عند دقيقتين قبل «منتصف الليل».

صدر كتاب «ربيع صامت» (Silent Spring) للكاتبة ريتشيل كارسون في الولايات المتحدة الأمريكية في عام 1962، وقد حذرت فيه من مخاطر مادة د.د.ت المبيدة للحشرات. قوبل الكتاب بمعارضة شرسة من شركات الكيماويات. فقد صرح أحد المتحدثين الرسميين قائلًا: «تزعم الآنسة كارسون أن توازن الطبيعة قوة رئيسية في نجاة الإنسان، بينما يرى الكيميائي الحديث وعالِم البيولوجيا الحديث والعالم الحديث أن الإنسان يتحكم في الطبيعة

باطِّراد». بيع من كتابها نصف مليون نسخة في غضون ستة أشهر، وكان بحثها مدعومًا بحجج قوية، فأثار الوعي الجماهيري بالمسألة إلى درجة أنه تسبب في تحويل دفة السياسات الوطنية المتعلقة بالمبيدات الحشرية، ففُرِض حظر عام في البلاد على استخدام مادة د.د.ت في الاستخدامات الزراعية. وبَثَّ الكتاب الإلهام لدى حركة الدفاع عن البيئة التي أفضت إلى تأسيس وكالة حماية البيئة الأمريكية. أحدث الكتاب أثرًا عالميًّا كونه جذب أنظار العالم إلى أخطار الزراعة الكيميائية وعبثية الحرب ضد الآفات، لا سيما أن الأساليب المستخدمة لن تفضي إلا إلى تحوُّر الآفات وزيادة خطرها أكثر من أي وقت مضى.

ومع ذلك، يرى العلماء أن الربيع صار صامتًا الآن في أرجاء الأراضي الزراعية المتطورة. فقد استنتج عالِم الطبيعة ومقدم البرامج التلفزيونية كريس باكهام، في تحليل عميق لأسباب الاختفاء السريع للنباتات والحيوانات في المملكة المتحدة، أن: «جيلنا يشارف الآن على كارثة إيكولوجية، ولقد طبَّعنا الأمر بطريقة أو أخرى».

ويحذر علماء ألمان من وقوع «هرمجدون إيكولوجي»؛ إذ تُظهر دراسة حديثة أن ثلاثة أرباع الحشرات الطائرة في المحميات الطبيعية في أرجاء ألمانيا قد اختفى في السنوات الخمس والعشرين الأخيرة. وإن محصول اللوز في كاليفورنيا يجري تلقيحه بواسطة النحل الذي يشحن آلاف الأميال في أرجاء أمريكا على متن شاحنات. وعلى هذا النحو تحمل التقارير واحدًا تلو الآخر الرسالة نفسها: نحن ندمر النظام البيئي الذي تعتمد عليه حياتنا.

في عام 1972، نشر نادي روما تقريرًا بعنوان «حدود النمو» (The Limits to Growth). لفت التقرير انتباه الرأي العام العالمي للمرة الأولى إلى التناقض بين النمو الاقتصادي المتسارع والنمو السكاني من ناحية، والعالَم المحدود الموارد من ناحية أخرى.

في عام 2008 أوشك النظام المالي العالمي على الانهيار. بدأ ذلك في عام 2007 بأزمة في سوق الرهن العقاري في الولايات المتحدة، وتطور إلى أزمة مصرفية دولية كاملة. وقد ساعد إفراط البنوك في المخاطرة على تضخيم الأثر المالي على مستوى العالم. واستخدمت الحكومات عمليات إنقاذ ضخمة للمؤسسات المالية وغيرها من السياسات النقدية والمالية كي تخفف من حدة الصدمة.

خرج المصرفيون سالمين من الأزمة المالية التي تسببوا فيها، بينما دُمرت سبل عيش الملايين من الناس العاديين. حذر وليام وايت، المصرفي الذي تنبأ بأزمة عام 2008، من أن

«العالم يواجه أزمة جديدة ناجمة عن تفاقم الديون». وحاليًّا، يرى العديد من الاقتصاديين أن انهيار النظام المالي الحديث محتوم؛ لأنه نظام فقدَ الاتصال بالواقع. إن النمو العالمي يتغذى على الديون التي تُغرق الحكومات أكثر فأكثر؛ إذ صار النمو ممكنًا نتيجة خلق الأموال من العدم. لقد أنقذت الحكومات البنوك، لكنِ الاقتصاديون يتساءلون: من سينقذ الحكومات؟

في عام 2009 حذر السير جون بِدنغتون، كبير المستشارين العلميين في حكومة المملكة المتحدة، من عاصفة هائلة تلوح في الأفق:

> «من المتوقع أن يحتاج العالم إلى إنتاج غذاء وطاقة أكبر بزيادة قدرها 50٪، إلى جانب زيادة إنتاج المياه العذبة بنسبة 30٪ بحلول عام 2030، مع ضرورة التخفيف من حدة التغير المناخي والتأقلم معه. وهذا يهدد بخلق «عاصفة شاملة» من الأحداث العالمية».

واستجابة للأزمات البيئية المتفاقمة وغيرها من الأزمات، شارك السير مارتن ريس، عالم الفلك الملكي، في تأسيس «مركز دراسة المخاطر الوجودية» في جامعة كمبريدج في عام 2012. ويكرس المركز أعماله على دراسة المخاطر التي يمكن أن تؤدي إلى انقراض الإنسان أو الانهيار الحضاري، والتخفيف من حدتها. وتركز أبحاث المركز على المخاطر البيولوجية والمخاطر البيئية ومخاطر الذكاء الاصطناعي، وكيف يمكن إدارة المخاطر التكنولوجية الشديدة بوجه عام.

في عام 2017، ساور قلق شديد كبيرة المسؤولين الطبيين في إنجلترا، السيدة سالي ديفيز؛ بسبب تراكم المقاومة للمضادات الحيوية، إلى درجة أنها حذرت من أننا سنواجه «إبادة لعصر ما بعد المضادات الحيوية» إذا واصلنا السير قدمًا في هذا المسار. وصرحت بأن: «الحشرات الخارقة ستقتلنا قبل أن يقتلنا التغير المناخي».

لكن الاحتباس الحراري رجَّح الكفة، وهو الموضوع الذي جعل العلماء يعترفون بالإجماع أن أسلوب حياتنا هو السبب الجذري لتلك الظاهرة، وإن ثمَّة خطأً في صُلب أسلوب معيشتنا على ظهر هذا الكوكب. ومع أن التغير المناخي نوقش في أوساط المجتمع العلمي على مدى عقود عدة، إلا أن تصريح عالم المناخ الروسي ميخائيل بوديكو في عام 1976 الذي قال فيه «لقد بدأ الاحتباس الحراري العالمي»، تناقلته الألسن على نطاق أوسع منذ ذلك الوقت. واستغرق المجتمع الدولي عقدًا من الزمن حتى يصبح مشاركًا مشاركة

كاملة، ثم حشدت جهود المؤسسات العالمية الكبيرة، وتشكلت هيئات جديدة لمعالجة الأزمة. وفي عام 1988 أنشئ الفريق الحكومي الدولي المعني بتغير المناخ بالاشتراك مع المنظمة العالمية للأرصاد الجوية وبرنامج الأمم المتحدة للبيئة، الذي أقرته الجمعية العامة للأمم المتحدة لاحقًا. يصدر الفريق الحكومي الدولي المعني بتغير المناخ تقارير تدعم اتفاقية الأمم المتحدة الإطارية بشأن تغير المناخ، وهي المعاهدة الدولية الرئيسية في هذا السياق. والهدف من اتفاقية الأمم المتحدة الإطارية بشأن تغير المناخ «تثبيت تركيز الغازات الدفيئة في الغلاف الجوي عند مستوى يحول دون تدخل خطير من جانب الإنسان في النظام المناخي». هناك آلاف العلماء في جميع أنحاء العالم ممن يشاركون حاليًا في دراسة التغير المناخي والاحتباس الحراري، وصارت تحذيراتهم أشد إلحاحًا من أي وقت مضى، لكن درجة حرارة الكوكب تواصل الارتفاع. وتقول المنظمة العالمية للأرصاد الجوية في تقريرها الأخير:

«وصل تركيز الغازات الرئيسية في الغلاف الجوي التي تؤدي إلى ارتفاع درجات الحرارة العالمية إلى مستوى مرتفع جديد في عام 2017، ولا توجد علامة على هبوط هذا الاتجاه المتصاعد».

وقال الأمين العام للأمم المتحدة أنطونيو غوتيريش في سبتمبر 2018:

«التغير المناخي يتحرك بأسرع مما نتحرك نحن... إذا لم يغير العالم مساره بحلول عام 2020، فإننا نخاطر بتغير مناخي جامح... نحن نعدو صوب الهاوية».

ولا يرى العديد من العلماء أننا سننجو من الأزمات، ومنهم البروفيسور الراحل ستيفن هوكِنغ، الذي أمضى السنوات الأخيرة من حياته في البحث عن السفر إلى الفضاء؛ ليأخذنا إلى أنظمة شمسية أخرى. يقول في كتابه الأخير «أجوبة موجزة عن الأسئلة الكبيرة» (Brief Answers to the Big Questions):

«لقد قدمنا إلى كوكبنا هدية كارثية تتمثل في التغير المناخي، وارتفاع درجات الحرارة، وانحسار القمم الجليدية القطبية، وإزالة الغابات، وتدمير أنواع الحيوانات بأعداد كبيرة. المساحة المتاحة أمامنا تنفد، والأماكن الوحيدة التي قد نذهب إليها هي العوالم الأخرى. آن أوان استكشاف أنظمة شمسية

أخرى، فقد يكون انتشار البشر في أماكن جديدة المخرج الوحيد الذي ينقذنا من أنفسنا».

لقد ارتحلنا إلى عمق عصر الأزمات، ومن المفارقات أن العلماء، الذين خرجت الأزمات من جوف مختبراتهم، هم الذين يحذروننا يوميًّا من المخاطر التي تواجهنا. ويزداد وعينا بشأن انتشار الكوارث الطبيعية التي تفاقمت بسبب الاحتباس الحراري، مثل زيادة شدة الأعاصير وتواترها، وارتفاع مستوى سطح البحر، وزيادة الأضرار الناجمة عن الفيضانات التي تجتاح المجتمعات في المناطق الساحلية والجزر.

أظهر لورانس م. كراوس هشاشة العالم الاصطناعي الذي ابتكرناه، عندما أعلن عن حدسه بأن نسيج المعلومات في العالم سيدمَّر وستنهار معه الحضارة الحديثة، إذا حدث توهج شمسي هائل. في ظل كل تلك التهديدات التي صنعتها يد الإنسان، بالإضافة إلى المخاوف التقليدية من فرسان الهلاك الأربعة –الوباء والحرب والمجاعة والموت– لا عجب أن نرى اشتعال الاضطرابات السياسية والاجتماعية والزيادة المقلقة في الأمراض النفسية في أوساط الشباب.

لكنْ هناك خوف من نوع آخر انبثق من فوضى عصر الأزمات، وصار يعرف بالإرهاب الإسلامي الذي أصبح ظاهرة تكرِّر تجربة الأيديولوجيات الحداثية، وتقوِّض الأنماط التقليدية للإسلام. بدأ الإرهاب منذ أواخر سبعينيات القرن العشرين، ووصل الأمر إلى ذروته مع تدمير مركز التجارة العالمي في نيويورك في 11 سبتمبر 2001. بالنسبة إلى الولايات المتحدة الأمريكية، كانت تنظر إلى تلك الهجمات على أنها أكثر الهجمات دموية منذ هجوم بيرل هاربر، وكانت إيذانًا ببدء «الحرب على الإرهاب»، وفق التعبير الذي استخدمه للمرة الأولى جورج بوش. تلك الحرب، التي انخرطت فيها دول عديدة في جميع أنحاء العالم ضد عدو بلا قاعدة إقليمية، أدت إلى تحول في الدفاع عن الوطن وإدارة الحرب. وكان المسلمون وهم في حالة رعب، يراقبون الموقف مع صعود طائفة حديثة النشأة مدفوعة بالغضب والانتقام ترتكب باسم الإسلام جرائم قاسية يعجز اللسان عن وصفها، طائفة غارقة في الجهل والضلالات تدمر المبادئ الأساسية للإسلام في سعيها العبثي والسخيف إلى تحقيق هيمنة عالمية، طائفة تجعل العالم يكره الإسلام ويزدريه. وأدت الحرب العبثية على العراق إلى تصعيد الإرهاب، وألقت منطقة الشرق

الأوسط في أتون الفوضى؛ ما أدى إلى أكبر حركة نزوح للمتضررين من بلدانهم منذ الحرب العالمية الثانية.

إن الغرب الذي يفقد الثقة في هويته يرى في الإسلام تهديدًا ثقافيًا، ويقوض جسر التواصل بينه وبين الإسلام. وتحاول أوروبا الحصينة[1] وأمريكا وقف تدفق المهاجرين، وكثير منهم مسلمون يبحثون عن مأوى من العاصفة. أما النزعة القومية واليمين المتطرف، اللذان لهما تاريخ فظيع وحديث في أوروبا، فهما آخذان في الصعود. لقد أصبح المسرح مهيأً بصورة خطيرة، حتى يكون المسلم كبش فداءٍ للعالم الغربي الذي يمر بأزمة[2].

أما الذين يرغبون في الدفاع عن الإسلام، سواء كانوا غربيين أو مسلمين، يستحضرون عبارة «العصر الذهبي للإسلام» والمساهمات التي قدمها المسلمون في خلق العالم الحديث في حِقبات العصور المظلمة الأوروبية. لكن هذا الطرح يفتح الباب أمام المنتقدين الذين يسألون: «بماذا أسهموا منذ ذلك الحين؟» من بين هؤلاء الفيلسوف السير روجر سكروتون، الذي قال في مقدمة كتاب روبرت رايلي بعنوان «إغلاق العقل المسلم» (The Closing of the Muslim Mind): «إذا كان رايلي على حق، وهو على حق بالتأكيد... فإن هذا الإخفاق... هو نتيجة فعلٍ من أفعال الانتحار الثقافي والفكري الذي حدث قبل ثمانية قرون». وهنا تكمن مشكلة أطروحة العصر الذهبي للإسلام، فمع إنها تبدو كلمة مدح، إلا أنها في الواقع تحوِّل الإسلام إلى مجرد ممثل صغير في السردية الغربية للتقدم.

لطالما كان لهذه السردية من القوة ما جعل مسلمين مثقفين يقتنعون بها تمام الاقتناع، متقبلين فكرة أن الإسلام أصبح رافدًا يغذي التيار الرئيسي للحضارة الحديثة. فالمنظور الذي تحسب من خلاله قيمة الحضارة الإسلامية الآن قائم على ما حصلت عليه أوروبا من

---

(1) أوروبا الحصينة (fortress Europe): مصطلح تستخدمه أحزاب اليمين المتشدد والمتطرف في أوروبا لوصف الحالة التي يرغبون في رؤية القارة عليها، في مواجهة سياسات الهجرة واللجوء المتساهلة في بعض بلدان القارة. وكثيرًا ما تركز تلك الأحزاب على أوضاع اللاجئين وضرورة فرض قيود أشد صرامة على دخول الأجانب إلى بلدانها، وتتجاهل قضايا مصيرية مثل التغير المناخي. استخدم النازيون المصطلح للمرة الأولى بمعنى عسكري في فترة الحرب العالمية الثانية، لكن الأحزاب اليمينية الأوروبية أعادت بناء سياق المصطلح ليبدو إيجابيًا بمعنى «حماية الاتحاد الأوروبي من اللاجئين». [المترجم]

(2) تتجلى هذه الظاهرة في «سياسة الخوف» حسب رؤية روث وداك (The Politics of Fear, Ruth Wodak)، التي ترى أن جميع الأحزاب الشعبوية اليمينية المتشددة تستغل في خطابها السياسي الأقليات الإثنية أو الدينية أو اللغوية أو السياسية لجعلها «كبش فداء لمعظم المشاكل الحالية في المجتمع، إن لم يكن كلها». [المترجم]

تلك الحضارة. ولكنني سأجادل بأن أطروحة «العصر الذهبي» أغلقت الباب أمام فهم ما حدث بالفعل، وتسببت في ارتباك وتشويش كبيرين في العقل المسلم. من الناحية العملية، كل ما نعرفه عن الإسلام عُرض أمامنا بواسطة عدسة التقدم، التي لا تؤدي إلا إلى تشويه وتحريف طبيعة الإسلام الحقيقية، ودفع المسلمين إلى أزمة متعمقة.

إن الأزمات المتعددة والمتصاعدة التي تحيط بنا، لها أبعاد تتجاوز أي أزمة واجهتها البشرية من قبل على الإطلاق. ويجد العلماء أنهم مضطرون إلى اللجوء إلى المصطلحات التوراتية مثل: «نهاية العالم»، و«هرمجدون» في محاولاتهم تنبيه الجمهور بشأن الأخطار الوشيكة التي تهدد وجودنا. لكن العالم الحديث يستمر بإصرار على استكمال مساره؛ لأنه لا يعرف طريقًا آخر. لقد ضخت استثمارات هائلة في بناء العالم الاصطناعي، الذي يشبه السرطان، وينمو على جسد مضيف يحتضر، لا يعرف سوى أن ينمو ويستمر في النمو حتى يعجز مضيفه عن دعمه. فالإنسان المعاصر واقع في فخ نظام فاشل؛ ولأنه غير قادر على رؤية ما وراء الجدران التي تسجنه، فإنه يتشبث بأمل عقيم متمنيًا حل الأزمات المتضاعفة عن طريق العلم والتكنولوجيا اللذين يسببان بدورهما الدمار أصلًا.

لقد أخذت نظرية التقدم مجراها. ويقول آدم كيرتس في ختام البرنامج الوثائقي المثير للذهن «بحيرة مريرة» (Bitter Lake): «ما يلزمنا هو قصة جديدة، قصة يمكننا أن نصدقها».

● الميزان ومنظور التوازن

عند البحث عن قصة جديدة، عن سردية ذات منطق أفضل بالنسبة لماضينا وللوضع الذي نجد أنفسنا فيه الآن، يجب أن نجد معيارًا بديلًا لمعيار التقدم، وأرى أن يكون التوازن هو المعيار البديل. على الأرجح، قليلون هم من يجادلون ضد فكرة أن الإنسانية غير متوازنة مع العالم الطبيعي، وأن الاختلال بينهما قد وصل حاليًّا إلى مرحلة حرجة للغاية. يتجلى التوازن بطرق عدة داخل الثقافات والحضارات، وإذا كانت الموازين مختلة، فإن الحضارات ستتفكك عاجلًا أم آجلًا. ونظرتْ ثقافات ما قبل الحداثة إلى التوازن في الوجود بأنه يشمل الأبعاد السماوية والإنسانية والأرضية. كان مبدأ التوازن حاضرًا في صميم كل من حضارة الصين الكونفوشيوسية والحضارة الإسلامية؛ ما يفسر استقرار الحضارتين وطول أمدهما.

أعتمدُ في هذه الدراسة المقارنة بين الإسلام والغرب بناءً على الصياغة الإسلامية لمفهوم التوازن، الذي تمثله كلمة «ميزان»، وتعني الكلمة: توازن، أو عدالة، أو مقياس، أو انسجام، أو أداة الوزن ذاتها التي نسميها الميزان. فهذه الكلمة لها دلالات روحية لا يثيرها الذهن نتيجة فهمنا العلماني لها. وفيما يأتي، سأستخدم الكلمتين: «الميزان»، و«التوازن» بالتبادل، مع إدراك المعنى الأوسع نطاقًا الموجود في كلمة «ميزان».

إن أفضلية الميزان وبعض أبعاد معناه ترد في سورة الرحمن:

﴿وَٱلسَّمَآءَ رَفَعَهَا وَوَضَعَ ٱلۡمِيزَانَ ۝٧ أَلَّا تَطۡغَوۡاْ فِي ٱلۡمِيزَانِ ۝٨ وَأَقِيمُواْ ٱلۡوَزۡنَ بِٱلۡقِسۡطِ وَلَا تُخۡسِرُواْ ٱلۡمِيزَانَ﴾ [سورة الرحمن، الآيات: 7-9].

في جميع الفصول الآتية ستُدمج ثلاث ثلاثيات أساسية في نسيج السرد، يكون فيها الحفاظ على التوازن أمرًا ضروريًا.

الثلاثي الأول أسميته «الثلاثي الأنطولوجي». فقد كانت جميع الحضارات قبل الحداثة تؤمن بالأصل المقدس لعوالمها، وبالعلاقة التي يجب الحفاظ عليها بين عوالم الغيب والبشر والمادة. وقد أجمعت المسيحية والإسلام على فهم مشترك لتلك العوالم. سنرى أن الحضارة الإسلامية احتفظت بالتوازن والتسلسل الهرمي ضمن تلك المستويات الأنطولوجية، وبقيت ضمن حدود هذا الثلاثي. أما في الغرب، فقد أدى انهيار العالم المسيحي في نهاية المطاف إلى فقدان الإيمان بالعالم الروحي وبالمعرفة المتصلة به. ففقدان العلاقة مع الغيب جعل من المستحيل للأخلاق أن تتجذر تجذرًا موضوعيًا، أو أن يتم الاعتراف الكامل بوحدة الطبيعة خارج الاستخدام البشري واستغلاله لها. سنرى كيف نجم عصر الأزمات عن انهيار التسلسل الهرمي والتوازن المطلوب ضمن الثلاثي الأنطولوجي.

الثلاثي الثاني عرَّفته بأنه «الثلاثي المهني». إن أدوار العلماء والكهنة والمحاربين والحكام والتجار والحرفيين لها دلالة نموذجية، والعلاقة بينهم تساعد في تحديد طبيعة الحضارات. سنرى كيف نشأت في الإسلام حالةِ من التوازن، والاعتماد المتبادل، والسيولة بين المهن المختلفة، ما خلق حضارة مستقرة ومستدامة.

حدث تطور مختلف تمامًا في الغرب. قدمت المسيحية على مدى ألف عام ثقافة روحية كانت مكثفة وذات عقلية واحدة في طموحها الرأسي، ويهيمن عليها الكاهن هيمنة ساحقة. كانت الكاتدرائية القوطية هي التجلي المثالي للمسعى السماوي. وبحلول عصر النهضة حل

البطل المحارب محل القديس على قمة المجتمع، وبرزت النزعة الإنسية[1]، وصار الملك حاكمًا مطلقًا، واستبدل بالكاتدرائية القوطية القصر الكلاسيكي. بعد ذلك منحت الثورتان الفرنسية والأمريكية ضد طغيان الملوك وتعصب الكنائس؛ ومن ثم الثورة الصناعية، السلطة للتاجر والحرفي والفيلسوف، وكان عالم الآلة الذي نعيش فيه حاليًّا من صنع أيديهم. لقد انطلق الغرب من الروحانية الشديدة مرورًا بالنزعة الإنسية وصولًا إلى المادية الشاملة التي تحيط بنا. سنرى كيف خلقت كل مهنة في الغرب عالمها الخاص، وكيف يحتوي ما أسميته «عقل المخطَّط المفتوح» (open-plan brain) للحداثة على جميع العوالم الثلاثة؛ لتتعايش معًا بطريقة ما، وإنما في حالة دائمة من الصراع والتناقض.

أما الثلاثي الثالث، فهو الثلاثي الأفلاطوني. صاغ أفلاطون مبدأ ضرورة التوازن بين ثلاث ملَكات لدى الإنسان: العقل، والغضب، والرغبة. وهو مبدأ تبناه العالَمان المسيحي والإسلامي وطوَّراه. فإذا سيطر العقل على الغضب والرغبة، يسود السلام والوئام. أما إذا سيطر الغضب أو الرغبة على العقل، فيترتب على ذلك صراع وفوضى. يتعلق هذا الثلاثي بالروح الفردية، وتنعكس صورته في الثلاثي المهني أيضًا؛ إذ يرمز الباحث إلى العقل، ويرمز المحارب إلى الغضب، ويرمز التاجر إلى الرغبة. وظل للثلاثي الأفلاطوني أهمية أساسية في العالمين الإسلامي والمسيحي، لكونه ثلاثيًّا مركزيًّا في تهذيب الروح. لكن حكم المحارب في الغرب فتح الأبواب أمام فيضان من العنف والغضب على العالم، وتزامن ذلك مع إطلاق العنان لرغبة التاجر في الصعود؛ ما أفضى في النهاية إلى قلب الأخلاق المسيحية رأسًا على عقب.

وتظهر في نسيج الفصول الآتية ثنائيات أيضًا: التوازن الطبيعي بين السماء والأرض، والليل والنهار، والداخلي والخارجي، والذكور والإناث، وغير ذلك من ثنائيات وأزواج تحيط بوجودنا.

---

(1) النزعة الإنسية (humanism): منظومة اعتقاد تركز على إمكانية تحقيق الإنسان سعادته من دون الاهتداء بالأديان. وتركز على الإنسان بوصفه مركزَ الكون، وفي مقدوره ابتكار ما يشاء من قيم ومعتقدات، وتؤكد كرامة الإنسان وقيمته وقدرته على تحقيق ذاته عن طريق التفكير العقلاني والوسائل العلمية، وترفض هذه النزعة أية مفاهيم ومعتقدات متجاوزة للطبيعة. وتكمن في صميم عصر النهضة الأوروبية؛ إذ شهدت دراسة التراث اليوناني والروماني انتعاشًا كبيرًا بدأ في إيطاليا في القرنين 13 و14 ثم انتشر في أرجاء أوروبا. [المترجم]

لقد طرحتُ مصطلح «التوازن الدينامي» (dynamic equilibrium)، المستقى من العلوم المادية، ويُعرَّف بأنه «حالة توازن بين العمليات المستمرة»، أو «نظام في حالة مستقرة» لوصف الدينامية التي تحافظ على الميزان. إن عدم القدرة على فهم هذه الدينامية جعل الحداثة ترى الثقافات والحضارات التقليدية ما قبل الحديثة جامدة وراكدة. تحتوي كل حضارة تقليدية على مركز مقدس لا يتغير، وتكمن في ذلك المركز المقدس قوة حياتها. وعندما يتعرض المركز للخطر يتقوَّض بنيان الحضارة. وقد استغنت الحداثة على نحو استثنائي عن المركز المقدس، وحوَّلت التغيير الدائم إلى دينامية لها.

للحضارة الإسلامية مركز مقدس ذو قوة هائلة. ومهما كانت القوى التي تسببت في اضطرابه بعض الوقت على مدى التاريخ الإسلامي، كان الجوهر غير المتغير يعيد الحضارة دائمًا إلى حالةٍ من التوازن والاستقرار. هذه الحقيقة الثابتة وغير المتغيرة تتمحور حول نزول الوحي وحياة الرسول ﷺ، وتنبثق منهما الأركان الخمسة للإسلام. لقد ارتفع هذا البنيان كله على مدى 23 عامًا هي مدة الرسالة النبوية، وظل ثابتًا دون تغيير حتى اليوم.

يجسد منظور الميزان مبدأين مهمين هما: مبدأ «إحاطة الكل بالجزء»، والمبدأ «السفلي». ينص مبدأ «إحاطة الكل بالجزء» على أن «الكل يمكن أن يحتوي على الجزء، لكن الجزء لا يمكن أن يحتوي على الكل». أرى أن هذا المبدأ يساعد في تفسير النجاح التاريخي للحضارة الإسلامية، فضلًا عن الطبيعة المنحرفة للحداثة. وينص المبدأ السفلي على أنه «كلما تعمقتَ في المادة، زادت القوى المنبعثة منها». ونحن نرى واقع هذا المبدأ مطبقًا اليوم في مختبرات العلماء.

سنرى في الفصول الآتية كيف تتكشَّف أمامنا قصة مختلفة تمامَ الاختلاف عندما يُنظر إلى الإسلام والغرب بواسطة عدسة الميزان: سيُنظر إلى المسار الغربي بوصفه يقود إلى عصر الأزمات بلا هوادة، بينما سيبرز إلى الوجود فَهْم جديد للإسلام وحضارته.

الفصل الأول
السيادة

الإسلام

ما عرَّفناه سابقًا باسم «الثلاثي الأنطولوجي» يعتمد على الحفاظ على التوازن داخل الحضارة في علاقتها الأساسية بين مستويات الوجود الثلاثة، مستوى الغيب، ومستوى الإنسان، ومستوى العالم الطبيعي. يقوم الميزان في الإسلام على التمسك بسلطان الله وسيادته لأنه خالق الكون ومدبر أمره. من منظور الميزان نحن لا نتحدث عن توازن بين أنداد، إنما من خلال سيادة الله عز وجل، يتم الحفاظ على التوازن والانسجام في العالم.

ويرد ذكر سلطة الخالق بجلاء في مفتتح سورة المُلك:

﴿تَبَٰرَكَ ٱلَّذِى بِيَدِهِ ٱلۡمُلۡكُ وَهُوَ عَلَىٰ كُلِّ شَىۡءٍ قَدِيرٌ﴾ [سورة الملك، الآية: 1].

وهذا موضوع تكرر ذكره في القرآن الكريم؛ لتذكير البشر بالقدرة الإلهية المطلقة. وتصف آية الكرسي – وهي أعظم آية في القرآن الكريم حسب ما ورد عن النبي ﷺ – قدرة الله الشاملة على خلقه وصفًا مفصلًا:

﴿ٱللَّهُ لَآ إِلَٰهَ إِلَّا هُوَ ٱلۡحَىُّ ٱلۡقَيُّومُۚ لَا تَأۡخُذُهُۥ سِنَةٌ وَلَا نَوۡمٌۚ لَّهُۥ مَا فِى ٱلسَّمَٰوَٰتِ وَمَا فِى ٱلۡأَرۡضِۗ مَن ذَا ٱلَّذِى يَشۡفَعُ عِندَهُۥٓ إِلَّا بِإِذۡنِهِۦۚ يَعۡلَمُ مَا بَيۡنَ أَيۡدِيهِمۡ وَمَا خَلۡفَهُمۡۖ وَلَا يُحِيطُونَ بِشَىۡءٍ مِّنۡ عِلۡمِهِۦٓ إِلَّا بِمَا شَآءَۚ وَسِعَ كُرۡسِيُّهُ ٱلسَّمَٰوَٰتِ وَٱلۡأَرۡضَۖ وَلَا يَـُٔودُهُۥ حِفۡظُهُمَاۚ وَهُوَ ٱلۡعَلِىُّ ٱلۡعَظِيمُ﴾ [سورة البقرة، الآية: 255].

إن استجابة الإنسان لسلطان الله المطلق والشامل تكمن في تعظيمه وعبادته:

﴿وَمَآ أَرۡسَلۡنَا مِن قَبۡلِكَ مِن رَّسُولٍ إِلَّا نُوحِىٓ إِلَيۡهِ أَنَّهُۥ لَآ إِلَٰهَ إِلَّآ أَنَا۠ فَٱعۡبُدُونِ﴾ [سورة الأنبياء، الآية: 25].

لكن الله عز وجل كرم الإنسان تكريمًا خاصًّا من بين جميع المخلوقات؛ لكونه خليفة الله في الأرض:

﴿وَهُوَ ٱلَّذِى جَعَلَكُمْ خَلَٰٓئِفَ ٱلْأَرْضِ وَرَفَعَ بَعْضَكُمْ فَوْقَ بَعْضٍ دَرَجَٰتٍ لِّيَبْلُوَكُمْ فِى مَآ ءَاتَىٰكُمْ إِنَّ رَبَّكَ سَرِيعُ ٱلْعِقَابِ وَإِنَّهُۥ لَغَفُورٌ رَّحِيمٌۢ﴾ [سورة الأنعام، الآية: 165].

ويذكر القرآن الكريم مرارًا أن الله قد جعل كل ما في السماء والأرض تحت تصرف البشرية. ولكن مع هذا التكريم تأتي المسؤوليات:

- أولًا، كون الإنسان خليفة الله على الأرض، فإن الوظيفة والواجب الفريدين للبشر يتمثلان في أنه يتوجب عليهم أن يعرفوا الخالق، ويتعرفوا عليه عبر دلائل قدرته، وأن يُظهروا الامتنان لفضله عليهم. يقول الله تعالى في سورة النحل:

﴿يُنۢبِتُ لَكُم بِهِ ٱلزَّرْعَ وَٱلزَّيْتُونَ وَٱلنَّخِيلَ وَٱلْأَعْنَٰبَ وَمِن كُلِّ ٱلثَّمَرَٰتِ إِنَّ فِى ذَٰلِكَ لَءَايَةً لِّقَوْمٍ يَتَفَكَّرُونَ﴾ [سورة النحل، الآية: 11].

﴿وَسَخَّرَ لَكُمُ ٱلَّيْلَ وَٱلنَّهَارَ وَٱلشَّمْسَ وَٱلْقَمَرَ وَٱلنُّجُومُ مُسَخَّرَٰتٌۢ بِأَمْرِهِۦٓ إِنَّ فِى ذَٰلِكَ لَءَايَٰتٍ لِّقَوْمٍ يَعْقِلُونَ﴾ [سورة النحل، الآية: 12].

﴿وَهُوَ ٱلَّذِى سَخَّرَ ٱلْبَحْرَ لِتَأْكُلُوا۟ مِنْهُ لَحْمًا طَرِيًّا وَتَسْتَخْرِجُوا۟ مِنْهُ حِلْيَةً تَلْبَسُونَهَا وَتَرَى ٱلْفُلْكَ مَوَاخِرَ فِيهِ وَلِتَبْتَغُوا۟ مِن فَضْلِهِۦ وَلَعَلَّكُمْ تَشْكُرُونَ﴾ [سورة النحل، الآية: 14].

- ثانيًا، أمر الله تعالى البشر باحترام باقي المخلوقات والعناية بالأرض:

﴿وَمَا مِن دَآبَّةٍ فِى ٱلْأَرْضِ وَلَا طَٰٓئِرٍ يَطِيرُ بِجَنَاحَيْهِ إِلَّآ أُمَمٌ أَمْثَالُكُم مَّا فَرَّطْنَا فِى ٱلْكِتَٰبِ مِن شَىْءٍ ثُمَّ إِلَىٰ رَبِّهِمْ يُحْشَرُونَ﴾ [سورة الأنعام، الآية: 38].

﴿وَلَا تُصَعِّرْ خَدَّكَ لِلنَّاسِ وَلَا تَمْشِ فِى ٱلْأَرْضِ مَرَحًا إِنَّ ٱللَّهَ لَا يُحِبُّ كُلَّ مُخْتَالٍ فَخُورٍ﴾ [سورة لقمان، الآية: 18].

﴿وَلَا تُسْرِفُوٓا۟ إِنَّهُۥ لَا يُحِبُّ ٱلْمُسْرِفِينَ﴾ [سورة الأنعام، الآية: 141].

- ثالثًا، تتضمن وظيفة خليفة الله التزام العدل والسلوك القويم، على نحو ما نرى في الآية الآتية التي يخاطب فيها الله عز وجل نبيه داود:

﴿يَٰدَاوُۥدُ إِنَّا جَعَلۡنَٰكَ خَلِيفَةٗ فِي ٱلۡأَرۡضِ فَٱحۡكُم بَيۡنَ ٱلنَّاسِ بِٱلۡحَقِّ وَلَا تَتَّبِعِ ٱلۡهَوَىٰ فَيُضِلَّكَ عَن سَبِيلِ ٱللَّهِۚ إِنَّ ٱلَّذِينَ يَضِلُّونَ عَن سَبِيلِ ٱللَّهِ لَهُمۡ عَذَابٞ شَدِيدُۢ بِمَا نَسُواْ يَوۡمَ ٱلۡحِسَابِ﴾ [سورة ص، الآية: 26].

وهكذا نرى أن خلافة الإنسان تنطوي على واجب تجاه الله عز وجل، وتجاه الخلائق وإخواننا من بني البشر. لكن الوفاء بهذه المسؤولية الثلاثية يعتمد على الحفاظ على التوازن في نفس الإنسان بين الملَكات الأفلاطونية الثلاث المذكورة آنفًا، العقل، والغضب، والرغبة. ويتضح هذا المبدأ في تفسير القرآن الكريم الذي كتبه ناصر الدين البيضاوي في القرن الثالث عشر بعنوان «أنوار التنزيل وأسرار التأويل»، في حديثه عن الآية 30 من سورة البقرة:

﴿وَإِذۡ قَالَ رَبُّكَ لِلۡمَلَٰٓئِكَةِ إِنِّي جَاعِلٞ فِي ٱلۡأَرۡضِ خَلِيفَةٗۖ قَالُوٓاْ أَتَجۡعَلُ فِيهَا مَن يُفۡسِدُ فِيهَا وَيَسۡفِكُ ٱلدِّمَآءَ وَنَحۡنُ نُسَبِّحُ بِحَمۡدِكَ وَنُقَدِّسُ لَكَۖ قَالَ إِنِّيٓ أَعۡلَمُ مَا لَا تَعۡلَمُونَ﴾ [سورة البقرة، الآية 30].

يقول البيضاوي في تفسيره لاعتراض الملائكة، وردّ الله سبحانه وتعالى:

«وكأنهم علموا أن المجعول خليفة ذو ثلاث قوى عليها مدار أمره: شهوية وغضبية تؤديان به إلى الفساد وسفك الدماء، وعقلية تدعوه إلى المعرفة والطاعة، ونظروا إليها مفردة وقالوا ما الحكمة في استخلافه، وهو باعتبار تينك القوتين لا تقتضي الحكمة إيجاده فضلًا عن استخلافه، وأما باعتبار القوة العقلية فنحن نقيم بما يتوقع منها سليمًا عن معارضة تلك المفاسد. وغفلوا عن فضيلة كل واحدة من القوتين إذا صارت مهذبة مطواعة للعقل، متمرنة على الخير كالعفة، والشجاعة، ومجاهدة الهوى، والإنصاف. ولم يعلموا أن التركيب يفيد ما يقصر عنه الآحاد، كالإحاطة بالجزئيات، واستنباط الصناعات، واستخراج منافع الكائنات من القوة إلى الفعل الذي هو المقصود من الاستخلاف».

عندما تسيطر الرغبة على الناس، مثلما رأينا في الخطاب الموجه إلى النبي داوود في الآية المذكورة أعلاه، فإنهم ينحرفون عن سبيل الله. ووصفت آية أخرى العواقب الوخيمة لمن تحكمت به شهواته:

﴿أَفَرَءَيْتَ مَنِ ٱتَّخَذَ إِلَٰهَهُۥ هَوَىٰهُ وَأَضَلَّهُ ٱللَّهُ عَلَىٰ عِلْمٍ وَخَتَمَ عَلَىٰ سَمْعِهِۦ وَقَلْبِهِۦ وَجَعَلَ عَلَىٰ بَصَرِهِۦ غِشَٰوَةً فَمَن يَهْدِيهِ مِنۢ بَعْدِ ٱللَّهِ ۚ أَفَلَا تَذَكَّرُونَ﴾ [سورة الجاثية، الآية: 23].

ومقابل وجود تسلسل هرمي داخل نفس الإنسان للحفاظ على النظام، يجب وجود تسلسل مماثل داخل المجتمع البشري. وتعلن آيات عديدة في القرآن الكريم عن التسلسل الهرمي الذي وضعه الإله بين الناس:

﴿... نَرْفَعُ دَرَجَٰتٍ مَّن نَّشَآءُ ۗ وَفَوْقَ كُلِّ ذِى عِلْمٍ عَلِيمٌ﴾ [سورة يوسف، الآية: 76].

﴿وَهُوَ ٱلَّذِى جَعَلَكُمْ خَلَٰٓئِفَ ٱلْأَرْضِ وَرَفَعَ بَعْضَكُمْ فَوْقَ بَعْضٍ دَرَجَٰتٍ لِّيَبْلُوَكُمْ فِى مَآ ءَاتَىٰكُمْ ۗ إِنَّ رَبَّكَ سَرِيعُ ٱلْعِقَابِ وَإِنَّهُۥ لَغَفُورٌ رَّحِيمٌۢ﴾ [سورة الأنعام، الآية: 165].

لكن النظام والتوازن في المجتمع يتطلبان وجود حاكم. يظهر مفهوم «المُلك» في القرآن الكريم كعطية يهبها الله تعالى إلى بعض عباده. وقد أعطى الله الحُكم لنبييه داوود وسليمان ولطالوت أيضًا رغم اعتراضات قومه:

﴿وَقَالَ لَهُمْ نَبِيُّهُمْ إِنَّ ٱللَّهَ قَدْ بَعَثَ لَكُمْ طَالُوتَ مَلِكًا ۚ قَالُوٓا۟ أَنَّىٰ يَكُونُ لَهُ ٱلْمُلْكُ عَلَيْنَا وَنَحْنُ أَحَقُّ بِٱلْمُلْكِ مِنْهُ وَلَمْ يُؤْتَ سَعَةً مِّنَ ٱلْمَالِ ۚ قَالَ إِنَّ ٱللَّهَ ٱصْطَفَىٰهُ عَلَيْكُمْ وَزَادَهُۥ بَسْطَةً فِى ٱلْعِلْمِ وَٱلْجِسْمِ ۖ وَٱللَّهُ يُؤْتِى مُلْكَهُۥ مَن يَشَآءُ ۚ وَٱللَّهُ وَٰسِعٌ عَلِيمٌ﴾ [سورة البقرة، الآية: 247].

إن مبدأ التفويض الإلهي متضمن في مصطلح «سلطان» الذي استخدم فيما بعد للحكام. من معاني كلمة سلطان «السلطة المفوضة» و«الإذن» أيضًا. والنظام في المجتمع لا يتطلب وجود بعض الأشخاص الذين مُنحوا سلطة على غيرهم فحسب، بل امتثال هؤلاء لأصحاب السلطة. ويوصي القرآن الكريم المؤمنين بما يأتي:

﴿يَٰٓأَيُّهَا ٱلَّذِينَ ءَامَنُوٓا۟ أَطِيعُوا۟ ٱللَّهَ وَأَطِيعُوا۟ ٱلرَّسُولَ وَأُو۟لِى ٱلْأَمْرِ مِنكُمْ ۖ فَإِن تَنَٰزَعْتُمْ فِى شَىْءٍ فَرُدُّوهُ إِلَى ٱللَّهِ وَٱلرَّسُولِ إِن كُنتُمْ تُؤْمِنُونَ بِٱللَّهِ وَٱلْيَوْمِ ٱلْءَاخِرِ ۚ ذَٰلِكَ خَيْرٌ وَأَحْسَنُ تَأْوِيلًا﴾ [سورة النساء، الآية: 59].

ومع ذلك، تبقى الفكرة الغربية عن المستبد الشرقي، التي ظهرت في عصر الاستنارة، واستقرت في المخيلة الغربية منذ ذلك الوقت، بعيدة كل البعد عن واقع السلطة التي يتمتع بها الحكام المسلمون فعليًّا، بل إنها في الواقع تبرزِ السلطة الاستبدادية للحكام الظالمين في أوروبا. لقد كانت سلطة السلطان مقيَّدة بمعايير محددة تحديدًا واضحًا داخل المجتمع. فقد كان الحكام، مثلهم في ذلك مثل جميع الناس، خاضعين لأحكام الشريعة التي كانت تقع ضمن نطاق مرجعية العلماء. وللحكام سلطة على مجالسهم، وهم يعينون القضاة وغير ذلك من وظائف رئيسية في البلاد، مثل مفتشي الأسواق، وجامعي الضرائب. لكن إقامة العدل كانت حكرًا على العلماء. ومن بين وظائف الحاكم حماية مملكته، وإفساح المجال أمام أسلوب المعيشة الإسلامي أن يزدهر في سلام، ويبقي الطرق مفتوحة أمام الحجاج والتجار. وكان يدعم العلماء والصناع والحرفيين المسؤولين عن المجالات الفكرية والمادية في البلاد التي تقع تحت سلطانه. وبصفته الراعي فهو يحمي الأيتام والفقراء، ويحدد الأموال الموقوفة لصالح المساجد والمدارس والمستشفيات وغيرها من المرافق والمؤسسات الخيرية. وإذا كان حاكمًا حكيمًا، سيذكره الناس بامتنان لأجيال متعاقبة. أما إذا كان فاسدًا، فسوف تعاني الرعية تحت حكمه، وتلجأ إلى الصبر مع علمها بأن أجله آتٍ، وإذا شاء الله فسوف يستبدل به حاكمًا خيرًا منه.

يتضح فهم العلماء لطبيعة الحاكم ودوره في «شرح المقاصد» لسعيد الدين التفتازاني:

> «قد ذكرنا في كتبنا الفقهية أنه لا بد للأمة من إمام يحيي الشريعة، ويُقيم السنَّة، وينتصف للمظلومين، ويستوفي الحقوق، ويضعها مواضعها، ويشترط أن يكون مكلَّفًا، مسلمًا، عادلًا، حُرًّا، ذكرًا، مجتهدًا، شجاعًا، ذا رأي وكفاية، سميعًا بصيرًا...»(1).

من ناحية أخرى، فإن سلطة الله المطلقة، والطبيعة المؤقتة لسلطة الحكام في الأرض، مذكورة على نحو لا لبس فيه في القرآن الكريم:

> ﴿قُلِ ٱللَّهُمَّ مَٰلِكَ ٱلۡمُلۡكِ تُؤۡتِي ٱلۡمُلۡكَ مَن تَشَآءُ وَتَنزِعُ ٱلۡمُلۡكَ مِمَّن تَشَآءُ وَتُعِزُّ مَن تَشَآءُ وَتُذِلُّ مَن تَشَآءُۖ بِيَدِكَ ٱلۡخَيۡرُۖ إِنَّكَ عَلَىٰ كُلِّ شَيۡءٖ قَدِيرٞ﴾ [سورة آل عمران، الآية: 26].

(1) التفتازاني، تُوفي عام 791 هـ، شرح المقاصد، الجزء 2، ص 271. [المترجم]

الغرب

في المسيحية، كما في الإسلام، سيادةُ الله سبحانه وتعالى على خلقه مطلقة:

«عَظِيمٌ هُوَ رَبُّنَا، وَعَظِيمُ الْقُوَّةِ. لِفَهْمِهِ لَا إِحْصَاءَ». [المزمور 5 :147].

«مُبَارَكٌ أَنْتَ أَيُّهَا الرَّبُّ إِلهُ إِسْرَائِيلَ أَبِينَا مِنَ الأَزَلِ وَإِلَى الأَبَدِ. لَكَ يَا رَبُّ الْعَظَمَةُ وَالْجَبَرُوتُ وَالْجَلاَلُ وَالْبَهَاءُ وَالْمَجْدُ؛ لأن لَكَ كُلَّ مَا فِي السَّمَاءِ وَالأَرْضِ. لَكَ يَا رَبُّ الْمُلْكُ، وَقَدِ ارْتَفَعْتَ رَأْسًا عَلَى الْجَمِيعِ. وَالْغِنَى وَالْكَرَامَةُ مِنْ لَدُنْكَ، وَأَنْتَ تَتَسَلَّطُ عَلَى الْجَمِيعِ، وَبِيَدِكَ الْقُوَّةُ وَالْجَبَرُوتُ، وَبِيَدِكَ تَعْظِيمُ وَتَشْدِيدُ الْجَمِيعِ». [أخبار الأيام الأول، 12-11 :29].

تتجلى سيادة الله على الأرض بشخص يسوع المسيح الذي عيَّن القديس بطرس وخلفاءه مسؤولين عن حكم الكنيسة.

«وَلَمَّا جَاءَ يَسُوعُ إِلَى نَوَاحِي قَيْصَرِيَّةِ فِيلُبُّسَ سَأَلَ تَلاَمِيذَهُ قِائِلًا: مَنْ يَقُولُ النَّاسُ إِنِّي أَنَا ابْنُ الإِنْسَانِ؟ فَقَالُوا: قَوْمٌ: يُوحَنَّا الْمَعْمَدَانُ، وَآخَرُونَ: إِيلِيَّا، وَآخَرُونَ: إِرْمِيَا أَوْ وَاحِدٌ مِنَ الأَنْبِيَاءِ. قَالَ لَهُمْ: وَأَنْتُمْ، مَنْ تَقُولُونَ إِنِّي أَنَا؟ فَأَجَابَ سِمْعَانُ بُطْرُسُ وَقَالَ: أَنْتَ هُوَ الْمَسِيحُ ابْنُ اللهِ الْحَيِّ! فَأَجَابَ يَسُوعُ وَقَالَ لَهُ: طُوبَى لَكَ يَا سِمْعَانُ بْنَ يُونَا، إِنَّ لَحْمًا وَدَمًا لَمْ يُعْلِنْ لَكَ، لكِنَّ أَبِي الَّذِي فِي السَّمَاوَاتِ. وَأَنَا أَقُولُ لَكَ أَيْضًا: أَنْتَ بُطْرُسُ، وَعَلَى هذِهِ الصَّخْرَةِ أَبْنِي كَنِيسَتِي، وَأَبْوَابُ الْجَحِيمِ لَنْ تَقْوَى عَلَيْهَا. وَأُعْطِيكَ مَفَاتِيحَ مَلَكُوتِ السَّمَاوَاتِ، فَكُلُّ مَا تَرْبِطُهُ عَلَى الأَرْضِ يَكُونُ مَرْبُوطًا فِي السَّمَاوَاتِ. وَكُلُّ مَا تَحُلُّهُ عَلَى الأَرْضِ يَكُونُ مَحْلُولًا فِي السَّمَاوَاتِ». [متى، 19-13 :16].

نمت الكنيسة المسيحية داخل الإمبراطورية الرومانية كعالم منفصل قائم بذاته، وكانت تحظى بالتسامح أحيانًا، وتسومها سياط الاضطهاد أحيانًا أخرى، وكان لها حضور الغريب، إلى أن اعتمد قسطنطين المسيحية دينًا للإمبراطورية في عام 312 م. ولكن تلك الحضانة الطويلة داخل روما ضمنت الانفصال بين المقدس والدنيوي، اللذين أسبغت عليهما السلطة في إنجيل متى؛ إذ يقول المسيح:

«أَعْطُوا إِذًا مَا لِقَيْصَرَ لِقَيْصَرَ وَمَا للهِ للهِ». [متى 21 :22].

بحسب التسلسل الهرمي في الغرب الكاثوليكي الروماني، كان للوردات الروحيين الأسبقية على اللوردات الدنيويين، وكانت الأسبقية للكاتدرائية على القلعة، في ظل وجود البابا على رأس الكنيسة. وكانت المعرفة المقدسة وإدارة الأسرار المقدسة بالكامل حكرًا على اللوردات الروحيين. وكان للكنيسة حكمها الخاص ويخضع موظفوها للقانون الكنسي. وكان اللوردات الدنيويون مسؤولين عن الحكم والدفاع عن المملكة، وكان الناس يخضعون للقانون العام أو القانون الروماني. أدى هذا الانقسام في السلطة بين المقدس والدنيوي إلى وجود توازن هش، لكنه ظل متماسكًا ألف عام؛ ما أدى إلى خلق عالم متمحور حول الإله ومشبعًا بالفضائل المسيحية. انقسمت الأعوام الألف تلك إلى نصفين، وكان عام 1000 م نقطة فاصلة بينهما. كاد نصفها الأول يقترب من تحقيق المثل الأعلى المسيحي، وبدأ ذاك النصف باجتذاب القبائل الجرمانية المنتصرة حديثًا آنذاك إلى حظيرة الإيمان المسيحي. واضطلع قديسان عظيمان بدور فعال في تلك العملية هما: القديس بنديكت نورسيا (تُوفي عام 547 م)، والقديس غريغوريوس الكبير (تُوفي عام 604 م). عزز القديس غريغوريوس سلطة البابوية، وأرسل المبشرين إلى جميع أنحاء أوروبا، بما في ذلك جزيرة بريطانيا البعيدة، وكان مسؤولًا عن توحيد أوروبا تحت ظل الكنيسة الكاثوليكية. يُعرف القديس بنديكت بأنه مؤسس الرهبنة المسيحية الغربية، وقد ترك كتابه «قاعدة القديس بنديكت» (The Rule of St Benedict) أثرًا عميقًا على جميع أنظمة الرهبنة اللاحقة. ويُعرف بأنه شفيع أوروبا.

تكمن أهمية القديس بنديكت في أن الرهبان والراهبات هم المسؤولون الأساسيون عن تحويل أوروبا إلى عالم مسيحي. وهؤلاء أقسموا على أن يحيوا حياة رهبانية تحكمها قواعد الفقر، والعفة، والطاعة، وأن يتبعوا خطى المسيح بصدق. كان العالم الذي واجهوه هو عالم القبائل والقرى، وقد صار الدير قلب ذلك العالم، تعليمًا وإرشادًا واعتناءً بالفقراء ورعايةً للمرضى، وتوحيدًا للمجتمع في العبادة. ازدهرت المسيحية في تلك البيئة، حسب ما يشهد على ذلك القديسون الذين عاشوا في تلك الفترة. وليس على المرء سوى أن يقرأ «التاريخ الكنسي للشعب الإنجليزي» (Ecclesiastical History of the English People) الذي ألفه المبجل بيدي في القرن الثامن، لكي يكوِّن فكرة عن النور الذي أشرق في عالمهم وأضاءه.

لكن التغييرات كانت تطرأ على ذلك العالم، فكانت المدن تتشكل حول الأديرة، وأنشطة التجارة تتسارع، وكان الملوك يبسطون أيديهم على أراضٍ أكثر ويعززون سلطاتهم. ووقع انقسام بين البابوية وبيزنطة بسبب العقيدة عام 1054م، وانطلقت الحملة الصليبية الأولى في

اتجاه ديار الإسلام في عام 1095م. وكان العالم المسيحي الغربي يزداد قوة وثقة في ذاته، وكان التقاؤه مع العالم الإسلامي ذا أثر حاسم في تطوره الثقافي والفكري. ودارت على أراضي إسبانيا والأراضي المقدسة رحى الحروب الصليبية. وما إن غزا الصليبيون المدن الإسلامية، حتى أُرسِل المهندسون والحرفيون الأسرى إلى العالم المسيحي، وأسهمت مهاراتهم في بناء واسع النطاق داخل الكنيسة. فارتفعت في أنحاء أوروبا قواعد المئات من الكاتدرائيات المهيبة وعشرات الآلاف من الكنائس الجميلة وفق التراث القوطي الجديد. وتجلت الهيمنة المطلقة للمقدس على الدنيوي عبر ضخامة الكاتدرائيات والكنائس، التي تضاءلت إلى جوارها كل المباني الأخرى.

غير أن الكنيسة صارت قوة زمنية على نحو متزايد، بممتلكاتها الشاسعة من الأراضي، وثرواتها الرائعة المكتنزة في خزائنها. ولا يكاد الرائي يرى فرقًا بين العديد من الكرادلة والأساقفة من ناحية، واللوردات الدنيويين من ناحية أخرى. وبدأت التصدعات تظهر بين سلطة الكنيسة والملوك. وكان مقتل القديس توماس بِكِت عام 1170 علامة مبكرة على تلك التصدعات في إنجلترا. فقد حاول الملك هنري الثاني إخضاع الكنيسة لسلطة التاج الإنجليزي. لكن القديس توماس قاومه، وأدى استشهاده إلى عدِّه واحدًا من أعظم القديسين في العالم المسيحي الغربي. وأسهم ذلك الحدث في ضمان إبقاء الكنيسة صاحبة السلطة العليا مدة ثلاثمائة عام أخرى.

لكن في نهاية المطاف، اغتصبت قوة الملوك سلطة الكنيسة. صار الملك هنري الثامن في إنجلترا رئيسًا للكنيسة، وانتقم من القديس توماس بكِت؛ إذ استخرج رفاته وأحرقه. وأوضح إعلان ملكي أن بكِت خائنًا ولا يُعد قديسًا. وما إن دنت السيطرة من هنري الثامن على الكنيسة، حتى حلَّ ودمر زهاء ألف دير من أديرة الرهبان الكبرى. ونقل ثلث ثروة إنجلترا إلى الخزائن الملكية. ودُمرت أضرحة القديسين في الأديرة والكاتدرائيات والكنائس ونُثرت عظامهم. وتفككت شبكات اجتماعية كاملة كانت تضطلع بأنشطة التعليم والعمل ودعم الفقراء والمرضى إلى جانب المباني والمرافق. وهكذا لم يحدث قط أن دمَّر مجتمع جزءًا من ثقافته على نحو يُقارن بما اقترفه هنري الثامن. تمزَّق القلب المنشغل بالتأمل إلى المسيحية، بعد أن دامت حياته ألف عام في إنجلترا.

كانت طبقة التجار الصاعدة المنضمة إلى النبلاء حديثًا، المستفيدة من نقل الثروة الهائلة المتراكمة للأديرة، فاستحوذ التجار على أراضي تلك الأديرة. كانوا فئة مَهينة إلى حد ما في

العالم المسيحي، واحتلوا مكانًا متواضعًا في الثلاثي المهني، لكن بعد أن اتحدوا وأنشؤوا شركات، أصبحوا على أهبة الاستعداد للاستفادة الكاملة من ذاك العصر الجديد السريع التطور. في تلك الأثناء، تجاوز الملوك سلطاتهم الشرعية، ووسعوا نطاقها، حتى ظهرت المَلكيات المستبدة. فادعى تشارلز الخامس في إسبانيا، وتشارلز الأول في إنجلترا، ولويس الرابع عشر في فرنسا، وبيتر الأكبر في روسيا، لأنفسهم تلك المكانة. وأسست قوة هؤلاء الحكام الجدد ذوي السيادة، إلى جانب هيمنة العلماني على المقدس، كِيانًا سياسيًّا جديدًا انبثق من الصراع الذي اجتاح العالم المسيحي في فترة الإصلاح الديني[1] في أوروبا، وهي الدولة ذات السيادة.

دارت رحى الحرب الأعنف بين الكاثوليك والبروتستانت في الأراضي الجرمانية التي قسمت إلى العديد من الإمارات والأسقفيات. ووضعت معاهدة «السلام في وستفاليا» عام 1648، التي أنهت حرب الأعوام الثلاثين، وأتاحت لكل دولة أن تختار أي شكل من أشكال المسيحية تعتنقه، على أن تقبل الدول الأخرى قرارها. وهكذا تم الاعتراف القضائي بنوع جديد من الدولة، كان يتطور على مدى أكثر من مائة عام، وهو الدولة القومية ذات السيادة. فأفضى ذلك التطور إلى تغيير جوهري في هوية الفرد؛ إذ لفترة تجاوزت ألف عام كانت الهوية الموحِّدة الأساسية للفرد هي الهوية المسيحية. ثم جاءت بعد ذلك العلاقة والالتزامات بين الرعايا وحكامهم، والتعلق المحلي بالمكان، وعوامل أخرى. ومع انهيار العالم المسيحي اندمجت الهوية الموحِّدة الأساسية في الدولة القومية ذات السيادة المتشكلة حديثًا. وما كان هُويَّة مسيحية تحوَّل إلى نوع من الهُويَّة الوطنية شبه المقدسة.

اختُلقت بنية مصطنعة في أعقاب انهيار العالم المسيحي. ففي هذا الإطار الجديد أصابت الثقافات المستقلة التي تشترك باللغة والدين والتاريخ ولها حدود جغرافية مستقرة، أفضل نجاح لها. ومع تركُّز السلطة وتطور أنظمة الاتصال، حدثت عملية التجانس، وبدأ تلاشي التنوع داخل الأقاليم. كانت البرتغال وإسبانيا وفرنسا وإنجلترا وهولندا أولى الدول ذات السيادة التي ظهرت، وبدأت تغزو العالم وتغيِّره. لكن العالم الذي احتلوه كان معقدًا للغاية،

(1) الإصلاح الديني: الفترة التي يؤرخ لها منذ عام 1517م، وهو تاريخ نشر مارتن لوثر لاعتراضاته على عقيدة الكنيسة الكاثوليكية وممارساتها، لا سيما بيع صكوك الغفران. ترجم مارتن لوثر الكتاب المقدس إلى الألمانية، وساهمت المطبعة في نشر الأفكار الجديدة في بلدان أوروبية أخرى. تفتتت الوحدة الدينية في أوروبا، فكان ذلك إيذانًا ببدء تغيرات عنيفة على المستويات السياسية والاجتماعية في القارة. [المترجم]

ويتكون من بلدان متعددة الإثنيات، متعددة اللغات، متعددة الثقافات، متعددة الأديان. وصار فرض النموذج الأوروبي للدولة القومية وصْفةً جاهزة ينتج عنها كيانات سياسية غير مستقرة، وغير عقلانية، وصراع وقمع متواصلان.

أدى طغيان الملوك المستبدين في نهاية الأمر إلى التمرد والثورة، والقضاء على الملَكية، أو اختزالها في دور رمزي يزداد ضعفًا باستمرار. وانتقلت السيادة إلى الشعب الذي أصبح يمتلك الحقوق كاملة، وصارت الديمقراطية هي المثال الجديد. وتخيل فلاسفة ومفكرو حركة الاستنارة أنه مع نشوة الثورة، ستعيش الإنسانية في حالة من المساواة والأخوة والحرية.

لكن مارتن لوثر مهد الطريق لما أصبح السمة المميزة للحضارة الغربية، بتأكيده استحقاق الفرد للسيادة. يشرح ريتشارد رِكس هذه النقطة في كتابه «نجاح مارتن لوثر» (The Making of Martin Luther):

«كان القصد من عقيدة [لوثر] المركزية –«البراءة من الإثم بالإيمان وحده»– إعطاء كل فرد مؤمن يقينًا مطلقًا بأنه يتمتع بنعمة الله وفضله... إن النزعة الفردانية الكامنة فيما سيُصطلح عليه لاحقًا بـ«علاقة الإنسان الفرد مع الله» سرت في الحمض النووي للبروتستانتية الليبرالية، ومنها إلى معظم جوانب الثقافة الغربية».

ثم عزز إيمانويل كنْت فكرة الاستقلال الذاتي الفردي في تعريفه للاستنارة:

«الاستنارة هي خروج الإنسان من ظلام عدم نضجه الذي جلبه لذاته. وعدم النضج يتمثل في عجز المرء عن استخدام عقله دون إرشاد من الآخرين؛ لذلك يصبح شعار الاستنارة: «تجرأ على إعمال عقلك!»[1]، وتَحلَّ بالشجاعة اللازمة لاستخدام تفكيرك الخاص».

كان هجر السلطة على هذا النحو ردَّ فعل على إساءة استخدام الملوك المستبدين السلطة السياسية، ورد فعل على النزاعات الدينية التي اجتاحت العالم المسيحي بلا نهاية. إن منح كنْت الفرد سيادة عقلانية ذاتية في جوهرها، سيكون له نتائج على المدى البعيد؛ ولأن كَنْت

(1) وردت العبارة في النص باللاتينية «Sapere aude»، وهي مقتبسة من الشاعر الروماني هوراس. والمقال الشهير المشار إليه لإيمانويل كَنْت بعنوان «ما الاستنارة؟» (1784). [المترجم]

نفسه كان ينتمي إلى طائفة اللوثريين الأتقياء[1]، لم يستطع تخيل ما سيحدث عند تفريغ المعادلة من الإيمان والدين والمحظورات الأخلاقية. وبعد كَنْت بمائة عام تمكن فريدريك نيتشه من رؤية ما سيحدث.

تنبأ نيتشه بأن البشرية ستواجه في القرن العشرين حروبًا تثير رعبًا يعجز الخيال عن تصوره. وفي القرن الحادي والعشرين ستنقلب على البشرية آلات من اختراعها، وستصل أزمة العدمية إلى ذروتها. ومن المفارقات أن عواقب تلك الفكرة أعطت مصداقية للمصابين بجنون العظمة في القرن العشرين، الذين أغرقوا العالم في الأهوال التي تنبأ بها نيتشه[2].

انطلق الغرب على مدى الأعوام الخمسمائة الماضية في رحلة بدأت بالسيادة المطلقة في يد الإله، ثم انتقلت السيادة إلى الملَكيات والدولة القومية، ثم انتقلت إلى الشعب بواسطة الديمقراطية، واستقرت في النهاية في يد الفرد.

(1) طائفة من اللوثريين في القرن السابع عشر سعت إلى إدخال حياة أخلاقية أكثر إلى الكنيسة، وروح عقيدة ذاتِ أسسٍ إنجيلية أيضًا. [المترجم]

(2) يذهب بعض الباحثين إلى أن كتابات نيتشه كان لها أثر على هتلر، وموسوليني. [المترجم]

الفصل الثاني
الحضارة

الإسلام

قبل صعود الإمبراطوريات الأوروبية، سيطرت على العالم الإفريقي والأوراسي الحضارتان الصينية والإسلامية لفترة امتدت ألف عام. وقدمت كلتاهما أمثلة قوية لمعيار التوازن، لكن كانت لكلتيهما تجليات حضارية مختلفة تمام الاختلاف. كانت الصين عالمًا قديمًا له تاريخ استمر وامتد آلاف السنين، اعتمد التوازن في إنشاء إمبراطورية عادلة يكون الإمبراطور فيها وسيطًا بين السماء والأرض. اتبعت دورات صعود الإمبراطوريات وسقوطها مسارًا واحدًا من النظام والتفكك ثم استعادة النظام مرة أخرى. لكن ظلت الخصائص الأساسية في كل مرة على حالها: فقد كفل وجود الإمبراطور، واللغة، والنصوص الصينية، والحكمة المستمرة لكونفوشيوس، ومفهوم «يين ويانغ»[1]، إعادة إنشاء التوازن والحفاظ عليه عبر قوة التوازن الدينامي. وضمنت تلك القوة الطابع الدائم غير المتغير للحضارة الصينية، الذي ستسيئ حركة الاستنارة الأوروبية فهمه وتعده ركودًا. وكان لكل سلالة حاكمة جديدة طابعها الخاص، وكانت تؤكد على سمات معينة، لكن الجوهر ظل ثابتًا.

كانت الصين مقيدة بجغرافيتها، بينما أمكن للإسلام أن يترسخ من غرب إفريقيا إلى الصين، ونجح في جمع عددٍ لا يحصى من الأعراق والجماعات اللغوية والثقافات المختلفة تحت مظلة حضارة واحدة. في أوائل القرن الرابع عشر، أمضى ابن بطوطة، وهو من علماء طنجة، 27 عامًا في السفر إلى كل جزء من العالم الإسلامي. لم يمارس مهنته قاضيًا في الهند وجزر المالديف فحسب، بل أمكنه التحاور مع علماء في تمبكتو، وقونية، وتبريز، ودلهي،

(1) مفهوم يين ويانغ (Yin and Yang): مبدأ أساسي في الفلسفة الصينية والثقافة الصينية، ويعني أن الأشياء والمخلوقات كافَّة توجد في حالة من التضاد والتكامل ولا تنفصل، مثل الذكر والأنثى، والظلام والنور. وتجتذب تلك الثنائيات المتضادة بعضها بعضًا وتتكامل. يرجع هذا المفهوم إلى القرن الثالث قبل الميلاد. [المترجم]

وملقا، وهانغتشو[1]. لقد دعم نظام الحكم الإسلامي والتعليم الإسلامي والشريعة الإسلامية حضارة لم يكن لها مثيل من قبل.

لكن لنبدأ أولًا بمكان ولادة تلك الحضارة الجديدة. في النصف الأول من القرن السابع الميلادي كانت شبه الجزيرة العربية في موقع استراتيجي يتيح لها التواصل مع العوالم المتحضرة الإفرو-أوراسية. وكانت تلك المنطقة واقعة بين الإمبراطوريتين المتحاربتين بيزنطة وبلاد فارس على البر، بينما ارتبطت عن طريق البحر بكل من الهند التي كانت مقسمة إلى العديد من الولايات، والصين التي كانت موحَّدة في عهد سلالة تانغ الحاكمة[2]. أما شمالًا فقد كان البدو الأتراك يسيطرون على السهوب الأوراسية، وقد امتدت إمبراطوريتهم من منشوريا إلى حدود المجر، لكنها كانت آخذة في التفكك في ذلك الوقت. وإلى الشمال الغربي كان الرهبان المسيحيون يجتذبون القبائل الجرمانية التي غزت الإمبراطورية الرومانية الغربية إلى اعتناق المسيحية. وبعيدًا إلى الشرق كانت البوذية تدخل إلى اليابان. إن ظهور الإسلام في قلب صحراء شبه الجزيرة العربية، سيغير وجه العالم تمامًا على مدى القرون التي تلت نزول الوحي.

كانت مكة، مسقط رأس الرسول ﷺ، محطةً تجارية على الطريق الذي يربط المحيط الهندي والبحر الأبيض المتوسط، وكانت المركز الديني للقبائل العربية التي كانت تجتمع سنويًّا في موسم الحج حول الكعبة المشرفة. في ذلك المجتمع المترابط المكون من محاربين وتجار، بلَّغَ النبي ﷺ، الذي يؤمن المسلمون بأنه آخر الأنبياء و«خاتم النبوة»، القرآنَ الكريمَ إلى البشر. وعلى مدى ثلاثة عشر عامًا، كان النبي وصحابته يعانون من المشقة والاضطهاد الشديدين في مكة. وفي تلك البيئة المعادية للمسلمين كانت السور القرآنية التي تنزل تباعًا، إضافةً إلى القدوة والإرشاد اللذين قدَّمهما النبي، تشد من أزر المجتمع الناشئ وتشجعه، فتعلم أفراده الصبر والتوكل على الله عز وجل، والإشفاق على مضطهِديهم. في الفترة التي استمرت فيها تلك المحنة، تشكلت الحياة الداخلية للمسلمين من عنصري الاستسلام لله والسكينة.

بدأ التقويم الإسلامي مع الهجرة إلى المدينة المنورة في عام 622 م. وعلى مدى عشر سنوات تلت، قاد الرسول ﷺ مجتمعه وحكَمَه ووجَّهه مهتديًا بنور الوحي الذي استمر في

(1) أي في مالي، وتركيا، وإيران، والهند، وماليزيا، والصين، على التوالي. [المترجم]

(2) أسرة تانغ (Tang dynasty)، إحدى السلالات الحاكمة في الصين (618–907). [المترجم]

إبلاغه للناس، فكان ذلك إطارًا لعيش المجتمع في حالة استسلام لإرادة الله تعالى. بعد انقضاء ثلاثة وعشرين عامًا على نزول الوحي واكتماله، رحل الرسول ﷺ عن هذا العالم، تاركًا مجتمعًا تشرَّب تعاليم الإسلام، ومستعدًا لنقل الدين الجديد إلى أقطار الأرض.

كان الثلاثي المهني الذي ظهر في شخص الرسول ﷺ أمرًا أساسيًّا لبنية المجتمع الإسلامي، الذي استمر في النمو في شكله الحضاري:

أولًا، كان النبي مثالًا للعالِم؛ إذ كان مبلِّغا للوحي ومنبعًا للحكمة.

ثانيًا، كان النبي حاكمًا على مجتمعه، ومحاربًا قاد المؤمنين في المعارك.

وثالثًا، عاش النبي في وسط مجتمع من التجار واشتغل بالتجارة.

إضافة إلى ذلك، يُنظر إلى النبي ﷺ أيضًا بوصفه نموذجًا لشخص حقق التوازن الكامل بين الباطن والظاهر، وبين التدبر والحياة النشطة في الأسرة والمجتمع. يمكن للبشر على اختلافهم أن يجدوا الإلهام في شخص النبي، ويسعوا إلى اتباع سلوكه المثالي أو سنَّته التي حُفظت وانتقلت إلينا عبر الأحاديث النبوية. إن الطابع الشامل لشخصية النبي أزال جمود الطبقة الاجتماعية والمهنة؛ ما سمح للسيولة بالظهور، فلا عجب أن يمارس سلطان حرفة ما، ولا أن يطلب التجار العلم وينهلون منه، ولا أن ينخرط العلماء في عالم التجارة.

وشكلت أركان الإسلام الخمسة أساس الحياة الدينية لجميع المسلمين في كل العصور:

أول الأركان: شهادة ألا إله إلا الله وأن محمدًا رسول الله.

ثانيها: إقامة الصلاة خمس مرات في اليوم والليلة.

ثالثها: أداء الزكاة، وهي مقدار من المال يدفعه كل مسلم بلغ ماله نصابًا محددًا، بما يضمن إقامة مجتمع عادل.

رابعها: صيام شهر رمضان، وهي شعيرة تجمع الزهد مع الاحتفاء بالعطاء والمشاركة الجماعية في إفطار الصائمين، والاحتفاء بذكرى نزول الوحي الذي بدأ في شهر رمضان.

خامسها: الحج إلى بيت الله الحرام لمن استطاع إليه سبيلًا، وشعيرة الحج تجمع المسلمين من أرجاء العالم في صعيد واحد، وهو أحد تجليات وحدتهم.

وتشكل الأركان الخمسة إطارًا لنمط الحياة الإسلامي؛ كونها مشتركة بين جميع المسلمين، ولم يطرأ عليها تغيير قط. واجتمع على قبول هذه الأركان السنَّة والشيعة على حد سواء؛ لذا فهي برنامج موحَّد بسيط يرشد المؤمنين في دورة اليوم ودورة السنَة، ويمكن ممارستها في أي بيئة وأي تضاريس. وتشكل الشهادتان الأساس لكل التجارب البشرية؛ إذ

تؤكدان وحدانية الله ونبوة رسوله محمد عليه الصلاة والسلام. وتضمن الصلوات الخمس اتصال حياة الإنسان كلها بالله –سواء كان في منزله، أو في السوق، ولو كان على سفر، أو يخوض غمار معركة– يكلم اللهَ بالدعاء ويكلمُه اللهُ بآي القرآن الكريم. أما الزكاة فتزكي ثروة القادرين على أدائها وهي عون لفقراء المجتمع. وأما صيام رمضان فيوحد المجتمع طوال الشهر الفضيل؛ إذ يشجع جميع المؤمنين على ضبط النفس وتجربة حياة الزهد. ويجمع الحج المؤمنين من جميع أنحاء العالم الإسلامي في صعيد واحد، وهو شعيرة تتجلى فيها مساواة عظيمة بين المسلمين؛ إذ يترك كل فرد وراءه ثروته ومكانته ويرتدي لباسًا أبيضَ بسيطًا، وهو تذكير بالحشر يوم القيامة.

شكَّل القرآن الكريم والحديث النبوي الشريف وأركان الإسلام الخمسة النواة الثابتة التي ستنشأ عنها الحضارة فيما بعد. وعندما انتقلت تلك النواة المقدسة الدائمة والمستقرة إلى الحضارات العظيمة في إفريقيا وأوراسيا، حدثت عملية تحول دينامية، وجرى تقييم واستيعاب المعرفة المطلوبة للانتقال من العالم القَبَلي للجزيرة العربية إلى حضارة متطورة بالكامل. إن الفتح السريع للبلدان الذي نتجت عنه إمبراطورية تمتد من المحيط الأطلسي في الغرب إلى حدود الصين والهند في الشرق، استوجب إتقان فن الحكم والإدارة المعقدين للمجتمعات. فقد استفاد المسلمون من خبرة بيزنطة وبلاد فارس، ما ضمن انتقالًا سلسًا للسلطة. وضمنت الحضارة الإسلامية وحدتَها بفضل جوهرها المقدس وتنوعها، بطريقة مكَّنتها من غربلة واحتضان الأشكال الثقافية والأنساق المعرفية المختلفة التي واجهت المسلمين.

على مدى نحو خمسمائة عام، ظهرت مختلف جوانب الحضارة الإسلامية وصُقلت حتى اكتملت على كل المستويات. اتحدت العلوم الفكرية، وتأسَّس بنيان المعرفة، ووصلت الشريعة إلى مرحلة النضج، وأُنشئت الكليات والصروح التعليمية، وتأسست نقابات حرفية وتجارية، وظهرت الطرق الصوفية. وصلت الحضارة الإسلامية عند تلك النقطة إلى حالة الميزان، التي مكنت كل مسلم من أن يعيش حياته في بيئة روحية وفكرية وأخلاقية ومادية تبرز عقيدة التوحيد.

لقد اعتدنا تصديق المثل الشهير «التغيير هو الثابت الوحيد في الحياة»، والفكرة القائلة بأن ما لا يتغير يصيبه الركود ويموت. ولكن عند النظر إلى الأمور من منظور الميزان والحفاظ عليه عن طريق التوازن الدينامي، يبدو العكس هو الصحيح. وهنا، قد يكون من

المفيد استخدام التشبيه بلعبة الشطرنج. لقد ظلت القواعد التي تحكم لعبة الشطرنج، منذ أن وضعت واستقرت، ثابتة على مرِّ مئات السنين دون تغيير. من الصعب أن نتخيل كيف يمكن تحسينها، فقواعدها الحالية مثالية. وقد لعبها ملايين اللاعبين الذين وجدوا متعة كبيرة فيها، لكنَّ عددًا قليلًا جدًّا صاروا أساتذة كبارًا لها. ومع ذلك، فأساتذة اللعبة لا يمكنهم أبدًا استنفاد الاحتمالات التي تقدمها اللعبة.

شكلت الشريعة العمود الفقري للحضارة الإسلامية، وهي مصطلح أساء الغرب فهمه تمامًا. يشار إلى الشريعة عادة باسم «القانون الإسلامي»، ويميل الغرب إلى عدِّها مجرد قانون عقوبات. لكن العقوبات في الشريعة ليست سوى جانب واحد من نظام روحي وأخلاقي واسع وشامل يوجه المسلم إلى كيفية العيش على هذه الأرض. والشريعة تحدد العلاقات والالتزامات بين المسلم وخالقه وإخوانه من البشر والخلق أجمعين. إنها إطار شامل لصون الميزان. والشريعة هي نتاج الجهود الفكرية للعلماء، وقد ظهرت إلى حيز الوجود في سياق عملية إرشاد المجتمع وتوجيهه وإسداء النصح له. ولم تطبَّق عقوباتها إلا عندما انتُهكت حدودها.

حافظ العلماء على الشريعة التي طبقت في جميع أنحاء العالم الإسلامي. استغرق تشكل بنيان الشريعة وقتًا، وبعد نحو خمسمائة عام تمكن العلماء من دراسة نسق نما بصورة عضوية، وتمكنوا من استخلاص مبادئ عامة يسَّرت ازدهار قواعد الفقه وأصوله، ومن هنا بلغت المنظومة نضجها.

استند العلماء في صوغ الشريعة إلى الوحي وأقوال النبي ﷺ وسلوكه من أجل تأصيل الوضوء، والصلاة، والصدقة، والحج، والتجارة، وحقوق الملكية، وأخلاقيات النشاط الزراعي، وأحكام الزواج والميراث، وكل جانب من جوانب الحياة البشرية سواء الشخصية أو الاجتماعية. كان من بين الأدوار المهمة للفقيه إصدار فتاوى استجابة لمشاكل معينة وجديدة كليًّا في بعض الأحيان. كان العالِم يقدم فتاوى متنوعة بتنوع الحياة الاجتماعية والسياسية، فينصح المؤمنين بشأن التزاماتهم الزوجية، ويحذر الحاكم من خوض حرب غير شرعية. فكان بحكم كونه مفسرًا سياسيًّا محايدًا يتمتع بنوع من الحصانة، التي إن انتهكها الحاكم فقد يواجه أزمات.

يقع مصطلح «الآداب» في قلب الحضارة الإسلامية، ويُترجم إلى الإنجليزية أحيانًا بكلمة «السلوك» (manners)، أو «آداب المعاملات» (etiquette). لكنَّ هاتين الكلمتين تدلان

على نوع من الصقل السطحي للسلوك، شيء مصطنع، وبعيد كل البعد عن المعنى الحقيقي لكلمة «آداب». والمترجم الشهير للأدب العربي والفارسي، رينولد ألين نيكلسون[1]، نقل مصطلح «آداب» إلى «ثقافة روحية» (spiritual culture)، وهذا التعبير الإنجليزي يبرِز شيئًا من الطبيعة الأساسية للمصطلح؛ أي تلك الروحانية التي تضرب بجذورها في أعماق النفس، وهو إحساس بالمقدس مترسخ في نفس المسلم ويتجلى في سلوكه الظاهر. التحلي بالآداب يعني أن يكون لديك إحساس مدمج في ذاتك بالتهذيب، فيؤدي المرء لكل شخص وكل فعل وكل شيء ما يَستحق. فيقال: إن هناك أدبًا مع الله تعالى، وأدبًا مع إخوانك، وأدبًا مع ذاتك. وكلمة «آداب» مشتقة من الأصل «أدَّب» بمعنى: ثقَّف، ودرَّب، وهذَّب، كما ورد في قول الرسول عليه الصلاة والسلام -القدوة لكل أدب جميل- أدَّبَني ربي فأحسن تأديبي».

وتحقَّق لأنماط الحياة الثلاثة: الحضرية، والريفية، والبدوية، حالة الميزان في العالم الإسلامي. وقد سجل ابن خلدون في عمله الفذ «المقدمة» التفاعل بين المدينة والبدو. ويشرح ابن خلدون كيف غذَّت طريقة الحياة البدوية الروح القتالية والاعتماد على الذات. فالبدو خرجوا من الصحراء، وغزوا المدن والسلطنات، وأسسوا سلالاتهم الحاكمة. لكن بمرور الوقت، تُفسد حياة المدينة الحكام الذين يحيون حياة الليونة والدَّعَة، فيغزوهم البدو الرحل الذين يؤسسون سلالاتهم الحاكمة، وتتكرر الدورة. وقد شكلت المنطقتان الرئيسيتان اللتان سكنهما البدو الرُّحل؛ أي الصحارى الجنوبية التي سكنها العرب، والسهول الشمالية لأوراسيا التي سكنها الأتراك والمغول، معظمَ السلالات الحاكمة في الأراضي الوسطى لدار الإسلام.

تخللت البساطة والتقشف اللذان يحكمان نمط الحياة البدوية عمق نسيج الحضارة الإسلامية. فقد صنع السجاد الذي جلسوا عليه، والخيام التي تؤويهم، من صوف وجلود ووبر الغنم والماعز والإبل. صار السجاد في القصر والمنزل والمسجد سمة مميزة لحضارتهم.

اضطلع البدو بدور رئيسي في التجارة، فأتاحوا وسائل النقل وسائسي الجِمَال والأدلاء في دروب الصحارى. وبالإضافة إلى تربية الحيوانات التي تنتج اللحوم للمدن، كان البدو يربون الخيول والجِمَال التي استخدمتها جيوش السلالات الحاكمة، وأمدوا الجيش بصفوف لا نهاية لها من المقاتلين.

(1) المستشرق الإنجليزي Reynold Alleyne Nicholson (1868–1945) صاحب الأثر الكبير على الدراسات الإسلامية. أشهر أعماله «التاريخ الأدبي للعرب» Literary History of the Arabs (1907)، وترجمة أشعار جلال الدين الرومي. [المترجم]

عاش معظم الناس على خيرات الأرض، وزرعوا المحاصيل التي يحتاجون إليها لإعالة أنفسهم، بينما بيعَ الفائض في المدنِ أو قُدِّم ضريبة إلى السلطات. تشكلت علاقة تعايش بين المزارعين والبدو في العديد من المناطق ما أفاد الأرض إلى حدٍّ كبير؛ كان البدو يرعون ماشيتهم في أراضي المزارعين، فتتغذى على بقايا الزرع وتخصب التربة. وبعد ذلك يزرع المزارعون محاصيلهم.

كانت المدينة مركز الحضارة الإسلامية بأسواقها، وورشها الحِرفية، ومؤسساتها التعليمية، والمراكز الدينية، والمحاكم، وقصر الحاكم. وانطلق الإسلام من المدن عن طريق التجارة، ومثال التاجر المسلم الورع، فبلغ أبعد نقاط في المناطق الإفرو-أوراسية. وبلغ الإسلام عمق الريف عن طريق انتشار الطرق الصوفية. من الجلي أن الإسلام انتشر انتشارًا ملحوظًا وبسهولة منذ نشأته، وقد رحب به سكان المدن والبدو والقرويون على حدٍّ سواء.

نجح الإسلام في خلق حضارة عالمية مستقرة ومستدامة حافظت على الميزان عن طريق عملية توازن دينامي. واعتزَّت أجيال من المسلمين بالقرآن الكريم، وأحبوا نبيهم، وسعدوا بإسلامهم، وكانوا في انسجام مع ثقافتهم، ووجدوا السلام والسكينة في ظل حضارتهم.

الغرب

وُلد يسوع المسيح في إحدى مقاطعات الإمبراطورية الرومانية، في الوقت الذي بلغت الإمبراطورية أوجها. وعلى مدى ثلاثمائة عام، كانت المسيحية حركة سرية، حظيت بالتسامح أحيانًا، وتعرضت للاضطهاد أحيانًا أخرى. أصبحت الكنيسة المسيحية مجتمعًا روحيًّا قائمًا بذاته داخل حضارة روما. وانقسمت الإمبراطورية الرومانية بين الشرق الناطق باليونانية والغرب الناطق باللاتينية. وعندما اعتنق الإمبراطور قسطنطين المسيحية في عام 312م، نقل مركز الثقل إلى الشرق، وأسس العاصمة الجديدة القسطنطينية، التي صارت تعرف باسم روما الثانية. وبحلول بداية القرن الخامس، انهارت الإمبراطورية الرومانية الغربية فتقاسمها عدد من القبائل الجرمانية.

في بيزنطة في الشرق، غيرت المسيحية معالم الإمبراطورية الرومانية الحية بكل إدارتها وإطارها الحضاري. وفي الغرب كان على المسيحية أن تواجه عالم القرية القبلي، وقد جلبت إليه نظامًا عقائديًّا وطريقة حياة. مع اشتعال الحروب الصليبية، بدءًا من احتلال القدس عام 1099، بدأت المسيحية الغربية تتعامل مع العالم الإسلامي والبيزنطي. وزادت معدلات

الانتقال إلى الحياة الحضرية في ظل التطور السريع للأسواق والمدن الآخذة في التشكل. ومع ذلك، لم يكن لدى المسيحية الرهبانية في الغرب إطارًا للانتقال من مجتمع ريفي بالأساس إلى حضارة حضرية متطورة تمامًا؛ لذلك وقع في أوروبا أغرب الأحداث: عصر النهضة. نُبش قبر الحضارة التي ماتت وبقيت مدفونة ألف عام، واختيرت لأداء ذلك الدور.

ساد الاعتقاد أن «العالم الكلاسيكي» اليوناني الروماني –على نحو ما بات يعرف في ذلك الوقت– قد وصل إلى ذروة الحضارة، وصار النموذج المثالي الذي يجب محاكاته. انفصل الدين عن الثقافة؛ إذ حلَّ المحارب محل القديس متربعًا فوق قمة المجتمع، وحلت الكلاسيكيات اليونانية واللاتينية محل الكتاب المقدس وصارت عماد التعليم، وشيدت المتاحف لاحتضان بقايا العالم الكلاسيكي حتى يمكن الحفاظ عليها ودراستها، وحلت العمارة الكلاسيكية محل الأشكال المحلية للعمارة التي نشأت نشأة طبيعية داخل العالم المسيحي فخلقت بيئة منظمة ولكنها متكلِّفة، وصوَّر الفنانون الآلهة، وركزوا على تمجيد الإنسان. بات الإنسان في ذلك الوقت «معيار كل الأشياء»[1].

لكن الإنسان بات كائنًا جديدًا منفصلًا ينظر إلى العالم من علٍ، فلم يعد ينتمي إلى ثقافة عضوية. كان ذلك الكائن مفتونًا بعالم ميت أُعيد إلى الحياة بنفخة من الخيال، وأُضفيت عليه المثالية. لم تعد الثقافة تتشكل من الداخل، بل تُكتسب من الخارج، من مصدر ميت. وهكذا كان الانتقال من عصر يتشكَّل فيه المسيحي عبر عملية متكاملة إلى عصر اكتسب الحضارة عن طريق التعرف إلى عالم آخر كان موجودًا في زمن آخر. أنتج هذا التحول نوعًا جديدًا من كائن «متحضر» يعيش في عالم خيالي مصطبغ بالمثالية، كائن كان منسجمًا مع ثقافات وحضارات ميتة أكثر من انسجامه مع الثقافة التي كانت حية.

تمثل الأثر الاجتماعي لعصر النهضة بفصل النخبة عن بقية المجتمع. لم يكن للتعليم والثقافة الكلاسيكيين أي معنى بالنسبة إلى جماهير المجتمع التي لم تستطع الحصول عليهما. ومع ذلك، أتاح عصر النهضة إطارًا لتشكيل طبقة المحاربين. وارتفعت قيمة الفضائل العسكرية المتمثلة في الشجاعة والتضحية بالنفس والانضباط واحتُفي بها، فحجبت الفضائل المسيحية المتمثلة في الحب، والتسامح، والتواضع. أما في مجال الأدب فقد حل

(1) العبارة «man is the measure of all things» للفيلسوف اليوناني بروتاغوراس (القرن الخامس قبل الميلاد). عادةً ما تفسر بمعنى أن الفرد هو المصدر النهائي للقيمة والمعنى، لا الآلهة ولا الأخلاق. [المترجم]

استعراض مآثر الأبطال محل سِيَر القديسين. وانتصبت تماثيل المحاربين ورجال الدولة العظام في الميادين والساحات العامة، وانتشرت قصورهم «الرومانية» في المدينة والريف. وأخيرًا، كرمتهم الكنيسة بعد موتهم، فأقامت مقابرهم ونصبهم التذكارية داخل الكنائس والكاتدرائيات.

صارت الإمبراطورية الرومانية نموذجًا ومصدر إلهام للدول ذات السيادة المتشكلة حديثًا، لإنشاء إمبراطورياتها الخاصة. ولعجزها عن قهر جيرانها، ذهبت جيوش تلك الدول إلى أرجاء العالم، وفرضت نسختها الخاصة من الحضارة، فدمرت العوالم الحية التي صادفتها، ووضعت بقايا آثارها في المتاحف المنشأة حديثًا، حيث عكف باحثوها على دراستها.

في غضون ذلك، أحدث عصر النهضة فوضى داخل الكنيسة المسيحية، وتأثرت به البابوية تأثرًا عميقًا. فعلى مدى مائة عام، من منتصف القرن الخامس عشر إلى منتصف القرن السادس عشر، انغمست سلسلة من الباباوات في النزعة الإنسية، وسلكت سلوك أكثر الأباطرة الرومان انحطاطًا؛ ما أثار اشمئزاز عموم المسيحيين الأتقياء؛ إذ شرع هؤلاء الباباوات في إعادة بناء عظمة روما، وإعادة بناء كنيسة القديس بطرس على الطراز الكلاسيكي. ولكي يمول الباباوات ذلك المخطط المهيب، أصدروا صكوك الغفران، فبات بوسع المؤمنين أن يدفعوا أموالًا عن أحبائهم وعن أنفسهم لاختصار وقت مرورهم بالمطهر[1]. كانت صكوك الغفران الفتيل الذي أطلق حركة الإصلاح الديني، ومزق أوصال العالم المسيحي.

أما التغيير الكبير التالي، فقد حدث في نهاية القرن الثامن عشر، عندما اشتعلت ثورتان في أمريكا وفرنسا؛ ما أدى إلى تحول النزعة الإنسية من دراسة العالم الكلاسيكي ومحاكاته إلى تعريف ذاتي لحقوق كل إنسان. كانت هاتان الثورتان نتيجة استغلال المستعمرات، وجورِ الملوك المستبدين وتجاوزات بلاطهم وفساده، والهوة التي اتسعت بين الطبقات الحاكمة والشعب، ونفاق الكنائس وتعصُّبها. رغب الثوار الناجحون في القضاء على النظام القديم وتسلسلاته الهرمية، وخلقِ عالم جديد يعود بالنفع على جميع الناس. وهيمن على الأذهان

(1) المَطهر (purgatory): حسب العقيدة الكاثوليكية، هو مكان تذهب إليه أنفس الخطاة المؤمنين بعد الموت، فيطهرون بعذاب مؤقت حتى يصبحوا أهلًا لملكوت الله. [المترجم]

تصوُّر مستقبل يوتوبي يضمن للناس العيش في فردوس على الأرض. وقد درس توماس بين[1] الماضي في كتابه «حقوق الإنسان»، فرأى ثلاث مراحل واضحة تتكشف:

الأولى: الخرافة.

الثانية: القوة.

الثالثة: المصلحة المشتركة للمجتمع وحقوق الإنسان.

الأولى كانت حكومة الكهنوت، والثانية حكومة الغزاة، والثالثة حكومة العقل.

تشكلت سردية جديدة اختُزلت فيها الألفية المسيحية في عصر الظلام والخرافات، تلاه طغيان الملوك. وبعد ذلك، يخلق الثوار المجتمع العادل، مسترشدين بالعقل الخالص. وقد تجسد هذا الطموح في إعلان الاستقلال الأمريكي:

> «نحن نعد هذه الحقائق بديهية: جميع الناس خلقوا سواسية، وخالقُهم منحهم حقوقًا معينة غير قابلة للتصرف، من بينها حق الحياة، وحق الحرية، وحق السعي وراء السعادة».

تردَّد صدى تلك الحقوق في الثورة الفرنسية بشعارها «الحرية والمساواة والإخاء»، واحتلت الحقوق الإنسانية مركز الصدارة. لكن ما إن أزيح الخالق بعيدًا عن المعادلة، فإن المصطلحات النسبية التي وظفت لمجابهة الحكم الاستبدادي تحولت إلى مفاهيم مطلقة. صار الإخاء المبدأ التأسيسي للمذاهب الاشتراكية التي خرجت إلى الوجود استجابةً لفظائع الثورة الصناعية، وصارت الحرية والمساواة الدعامتين المتلازمتين للنزعة الإنسية، فيما عرف باسم «العالم الحديث».

ومع ذلك، اتخذ الْفَهْم العلماني للحرية والمساواة معنًى مختلفًا تمام الاختلاف في النزعة الإنسية عما كان عليه في المسيحية. ففي المسيحية، كما في الإسلام، تتحقق الحرية عندما يُخضِع الإنسان ذاته الشهوانية. بالنسبة للمسيحي، يتحقق ذلك من خلال المسيح فحسب، والقديسون وحدهم هم الأحرار حقًّا.

---

(1) توماس بين (1737–1809) مفكر وثوري إنجليزي، وُلد في بريطانيا وهاجر إلى أمريكا عام 1774، واشتغل بالصحافة. من مؤلفاته «عصر العقل»، و«المنطق السليم». دافع عن الثورة الفرنسية في كتابه «حقوق الإنسان» وهاجم الحكومة الإنجليزية والساسة الإنجليز المناوئين لها؛ ما أدى إلى محاكمته، فهرب إلى فرنسا. [المترجم]

«وَأَمَّا الآنَ إِذْ أُعْتِقْتُمْ مِنَ الْخَطِيَّةِ، وَصِرْتُمْ عَبِيدًا للهِ، فَلَكُمْ ثَمَرُكُمْ لِلْقَدَاسَةِ، وَالنِّهَايَةُ حَيَاةٌ أَبَدِيَّةٌ». [الرسالة إلى أهل رومية، 22 :6].

وبالمثل، ففي ظل الله وفي المسيح فحسب نحن متساوون.

«لَيْسَ يَهُودِيٌّ وَلاَ يُونَانِيٌّ. لَيْسَ عَبْدٌ وَلاَ حُرٌّ. لَيْسَ ذَكَرٌ وَأُنْثَى، لأَنَّكُمْ جَمِيعًا وَاحِدٌ فِي الْمَسِيحِ يَسُوعَ». [الرسالة إلى أهل غلاطية 3:28].

عادت حقوق الإنسان إلى الواجهة مرة أخرى بعد الحرب العالمية الثانية، عند تكريس الإعلان العالمي لحقوق الإنسان في ميثاق الأمم المتحدة، بعد الفظائع التي ارتكبت في سنوات الحرب. ثم أصبح ذلك الإعلان نموذجًا للتشريع الذي يسن في الاتحاد الأوروبي ودول قومية عديدة.

وبينما كانت الدول التي تخلصت من الاستعمار تصارع مشكلات حقيقية متمثلة في الطغيان السياسي، والاستغلال، والحريات الأساسية للإنسان، كان الغرب الثري الذي خرج لتوه من الحرب العالمية الثانية يأخذ الحرية والمساواة إلى مجال مختلف تمامًا مع تكريس سيادة الذات، والثورة الجنسية في الستينيات، والنسبية الأخلاقية لما بعد الحداثة. إن السعي وراء السعادة، المتحرر من الثوابت المسيحية، من شأنه أن ينتج مجتمعًا منغمسًا في اللذات، ويتمتع بحرية الانجراف مع أي طرق تتمكن الشركات العملاقة الجديدة من ابتكارها وتسويقها.

وإيجازًا، فإن عجز العالم المسيحي الغربي عن الانتقال من حضارة ريفية إلى حضارة حضرية؛ أفضى إلى بروز عصر النهضة وإضفاء الطابع المثالي على عالَم ميت. وفي ظل شعار «الإنسان معيار كل الأشياء» وُلدت النزعة الإنسية. وبدأت النزعة الإنسية تطمح إلى فضائل العصر الكلاسيكي في ذلك العالم المتحضر بحسب ما يرى نفسه. ومع الانحدار التدريجي وصولًا إلى عالمنا الحديث، تحولت النزعة الإنسية إلى حقوق يطالِب بها الفرد صاحب السيادة وتُمنح له.

الفصل الثالث
المعرفة

الإسلام

في غضون مائة عام من تأسيس المجتمع الجديد في المدينة المنورة، سيطر المسلمون على إمبراطورية امتدت من إسبانيا إلى الهند وحدود الصين، وضمت أغنى مقاطعات الإمبراطوريتين البيزنطية والفارسية بأكملها. وعندما التقت تلك الإمبراطورية بعالم متنوع من الثقافات والحضارات القديمة التي كانت تمر بمراحل مختلفة من الاضمحلال، حدثت عملية توليف استثنائية. لقد أخطأ الغرب في قراءة تلك القرون المبكرة، عندما كانت المعرفة العالمية ما تزال في عملية غربلة وتصنيف، فعدَّها «العصر الذهبي للإسلام»، والواقع أنها كانت مرحلة التكوين. أما ما كان رائعًا فهو الحضارة العالمية التي ظهرت إلى الوجود لاحقًا.

من المهم في هذه المرحلة إدراك الفارق بين الْفَهْم الإسلامي والْفَهْم الحديث لما يشكِّل معرفة يمكن التحقق منها. بالنسبة للعقلية الحديثة التي ترجع جذورها إلى ثورات القرنين السادس عشر والسابع عشر، اختُزلت المعرفة التي يمكن التحقق منها إلى ما يمكن اكتشافه بواسطة المنهج العلمي، وهي مقصورة على العالم المادي، أما أي شيء آخر فإنه ينتمي إلى عالم الخيال وغير موضوعي تمامًا. أما في الإسلام فالمعرفة التي يمكن التحقق منها موجودة في العوالم الثلاثة: عالم الغيب، والعالم البشري، والعالم المادي. ويمكن الحصول عليها عن طريق الوحي والتفكير السليم. ويختلف الإسلام عن المسيحية في هذه المسألة اختلافًا جوهريًا، فبعض المذاهب في المسيحية صارت تطلب تنحية العقل، بينما في الإسلام، من الواجب إثبات الوحي عن طريق العقل.

كان القرآن الكريم وحياة النبي ﷺ هما الأساسين اللذين قامت عليهما الحضارة الإسلامية. وفي فترة حياة النبي سجل صحابته كل فعل من أفعاله، ونشأ علم يضمن النقل السليم للمعرفة من جيل إلى جيل. بذل علماء المسلمين جهدًا كبيرًا في حفظ الوحي ونقله وتفسيره. وجرت العادة على الإشارة إلى الفترة التي امتدت ثلاثًا وعشرين عامًا من النبوة

والوحي باسم «عصر السعادة». وعندما انتهت تلك الفترة المباركة، وكان العلماء، من الرجال والنساء على حد سواء، أحرارًا في تدبر شؤونهم بأنفسهم، حدث تطور فكري هائل.

كان ذلك هو الوقت الذي اختُبر فيه مبدأ إحاطة الكل بالجزء القائل بأن «الكل يمكن أن يحتوي على الجزء، لكن الجزء لا يمكن أن يحتوي على الكل». من بين المواقف المقيِّدة التي اتخذتها مدارس مختلفة في فترة التكوين المشار إليها، كان موقف المعتزلة الذين نسبوا إلى العقل السلطة المطلقة، وموقف الحشوية الذين أصروا على التفسير الحرفي للنص، وموقف الباطنية الذين سعوا إلى فهم المعنى الباطني أو الرمزي للقرآن الكريم لا غير. ومع ذلك، فالأجزاء التي تدعي إحاطتها بالكل اتخذت مسارًا تصاعديًّا بالتدريج، وتحقق مبدأ إحاطة الكل بالجزء. وبمرور الوقت، اكتشف الفلاسفة وعلماء الدين المزيج الذي تحققت به حالة الميزان من المصادر الأساسية الأربعة للمعرفة، وهي: الوحي (النقل)، والإدراك الصوفي (الذوق)، والعقل، والإحساس. وتجلت الوحدة الكامنة في قلب الإسلام.

تضمنت رحلة الاكتشاف تلك مساهمة العديد من المفكرين العظام. ومن أبرز هؤلاء ابن سينا (تُوفي عام 1037م)، الذي غيَّر الفلسفة، وطور علمًا عالميًّا للميتافيزيقا يمكنه أن يشمل جميع العلوم، ويرتقي في الوقت نفسه إلى المستوى اللازم لمعالجة فكرية للوحي. والإمام الغزالي (تُوفي عام 1111م)، الذي أظهر عمله البارز أن الطريق الصوفي يصل إلى أعلى معرفة بالله يمكن بلوغها، في إطار يعترف بقيمة كل مجال من مجالات المعرفة البشرية وعلاقته بغيره. وفخر الدين الرازي (تُوفي عام 1209م)، الذي أبدع علمًا دينيًّا جديدًا شاملًا، أظهر فيه أن كل فرع من فروع المعرفة يمثل جزءًا من حقيقة واحدة، ومهد الطريق للملخصات الرائعة (summas) التي ظهرت في القرنين الرابع عشر والخامس عشر عبر تطبيق قوته الفكرية على توليفة من الميتافيزيقا العامة لابن سينا، والمبادئ الكاشفة لعلم الكلام. و«الشيخ الأكبر» ابن عربي (تُوفي عام 1240م) الذي أدخل الفلسفة بالكامل للمرة الأولى ضمن رؤيته الصوفية؛ ومن ثم كوَّن اتحادًا ساميًا بينهما. وبحلول القرن الخامس عشر، اكتمل توليف فكر ابن عربي، وابن سينا، والرازي، فتجسد بقوة في أعمال المفكرين اللاحقين مثل الملا الفناري (تُوفي عام 1431م)، وطاشكبري زاده (تُوفي عام 1560م) في العصر العثماني. وتأسس تسلسل هرمي للمعرفة التي استوعبت علوم الوحي مع جميع فروع الفلسفة والتصوف جنبًا إلى جنب. اعتُمد هذا التسلسل الهرمي داخل أنظمة التعليم العالي في كل من الإمبراطورية العثمانية، وإمبراطورية المغول في الهند.

في هذا التسلسل الهرمي للمعرفة، احتلت العلوم المرتبطة بمعرفة الله الروحية والميتافيزيقية المرتبة الأعلى، بينما احتلت العلوم المتعلقة بالمادة المرتبة الأدنى. كان لكل شيء موضعه، وعندما كان كل شيء في مكانه الصحيح تحققت حالة الميزان. لكن عندما نظر عصر الاستنارة إلى الإسلام لم يرَ سوى إنجازه في العلوم المادية، وقد كانت إنجازات كبيرة حقًّا؛ إذ استقبل المسلمون كل ما في وسعهم أن يستقبلوه من الحضارات التي التقوها مما يدعم أسلوب الحياة الإسلامي ويتطابق معه. فأما الصفر، الذي جعل التقدم في العلوم الرياضية ممكنًا فقد جاء من حضارة الهند، وأما علوم الطب والهندسة فنقلوها عن الإغريق، وأما علم الفلك فمن الإغريق والفرس، وأما فنون الحكم فمن الفرس، وأما صناعة الورق فمن الصينيين. أُدمِجَ كل ما سبق في الحضارة الإسلامية، ونجح المسلمون في تطوير بعض تلك العلوم لتمكين الحضارة الإسلامية من المضي قدمًا. لكن العلوم المادية في الإسلام لم تمضِ قدمًا من تلقاء نفسها على نحو ما فعلت في الغرب، إنما شكلت جزءًا من كلٍّ؛ إذ ما إن توطدت تلك العلوم، عمِلَ كلُّ جيل على صيانتها وتجديدها. على سبيل المثال، جاء الأسطرلاب من الإغريق وأدخل عليه المسلمون تحسينات، ثم ظل على حاله دون تغيير مدة ألف عام وهو يؤدي المهمة نفسها على أكمل وجه. كان الانخراط في العالم المادي ضمن حدود، وكان غرضه دعم أسلوب حياة شامل.

منذ الفترة المبكرة في الإسلام ظهر العلم الروحي والأخلاقي الذي بات يعرف بالتصوف (المعروف عند الشيعة باسم العرفان). جسدت الصوفية فهمًا دقيقًا للتركيبة الداخلية للإنسان، ومنظومةً من الممارسات ركزت على تأديب النفس، أو تزكيتها؛ ما يدفع المؤمن إلى بلوغ الإخلاص في العبادة، وحالةٍ يتحصل فيها على معرفة صوفية بالله. لقد احتضن هذا العلم الروحاني وطوَّر تصنيفًا ثلاثيًّا آخر له أصله بالقرآن الكريم، ويحدد ثلاث مراحل أو محطات في رحلة الروح هي: النفس الأمارة بالسوء[1]، والنفس اللوامة[2]، والنفس المطمئنة[3]. كَفَل التسلسل الهرمي في عالم المعرفة ومنظومة التعليم العالي، التي جسدته حماية العلوم الروحية، على نحو صحيح.

(1) ﴿وَمَآ أُبَرِّئُ نَفۡسِيٓۚ إِنَّ ٱلنَّفۡسَ لَأَمَّارَةُۢ بِٱلسُّوٓءِ إِلَّا مَا رَحِمَ رَبِّيٓۚ إِنَّ رَبِّي غَفُورٞ رَّحِيمٞ﴾ [سورة يوسف، الآية: 53].

(2) ﴿وَلَآ أُقۡسِمُ بِٱلنَّفۡسِ ٱللَّوَّامَةِ﴾ [سورة القيامة، الآية: 2].

(3) ﴿يَٰٓأَيَّتُهَا ٱلنَّفۡسُ ٱلۡمُطۡمَئِنَّةُ﴾ [سورة الفجر، الآية: 27].

ضمنت حماية الصوفية ومكانتها في منظومة المعرفة السائدة، إتاحة تزكية النفس وتحقيق السلام الداخلي لأي فرد مسلم يرغب في اتباع هذا المسار. في العالم المسيحي كانت الأديرة هي المكان الذي يسعى فيه الرهبان والراهبات إلى تحقيق ذلك السلام الداخلي. أما في الإسلام فقد كان المسار متاحًا للجميع، من رجال الحاشية، والعلماء، والتجار، والحرفيين، والفلاحين، رجالًا ونساءً. لقد وُصِفت المدينة الإسلامية التقليدية بأنها خلوة روحية عائلية، حيث يشترك المجتمع بأسره في أسلوب حياة روحاني، أسلوب حياة يتضمن الحضارة بأسرها.

تطورت جميع العلوم في العالم الإسلامي في إطار من الوحدة والانسجام والاعتماد المتبادل، وعلى رأسها علوم الميتافيزيقا والدين. كانت العلوم موجودة تحديدًا لإنتاج «نظرية عن كل الأشياء» ذات جوهر حقيقي. أتاح ذلك للفرد معرفة حقيقة الوجود واختبارها عبر استقبال روح الوحي، والإدراك الصوفي للروح، واستدلال العقل، وحدَّة الحواس.

انتشرت منظومة المعرفة والشريعة عبر دار الإسلام بمستوياتها وتخصصاتها المختلفة، وتمكن العلماء من السفر والعيش والعمل في أي مكان تقريبًا في ذلك العالم الثقافي الموحَّد. وصف روس دن[1] الطبيعة المتعددة الأوجه لانخراط العالِم انخراطًا جيدًا في عالمه، في مقدمته لكتاب «رحلات ابن بطوطة»، في معرض تعداده مختلف تيارات السفر والهجرة التي شارك فيها ابن بطوطة:

> «أولًا، كان حاجًّا، وانضم إلى مسيرة المؤمنين الأتقياء للحج إلى بيت الله الحرام، وزيارة المدينة المنورة أربع مرات على الأقل في حياته. ثانيًا، كان من المتحمسين للصوفية، وسافر إلى صوامع الأولياء الصالحين، مثلما فعل الآلاف طلبًا للمعرفة والحكمة. ثالثًا، كان عالِمًا فقيهًا يسعى إلى المعرفة واللحاق بذوي العلم في المدن الكبرى في قلب العالم الإسلامي. وأخيرًا، كان عضوًا في النخبة المتعلمة والمتنقلة وذات العقلية العالمية ومغامرًا مثقفًا، وكان يبحث عن الضيافة والتكريم والعمل الذي يدر الربح في مراكز الحضارة

---

(1) روس دن، كاتب ومؤرخ أمريكي، يتحدث عن رحلة ابن بطوطة ويفسرها ضمن السياق الثقافي والاجتماعي للمجتمع الإسلامي في القرن 14، في الكتاب The Adventures of Ibn Battuta: A Muslim Traveler of the Fourteenth Century. [المترجم]

الإسلامية المنشأة حديثًا في مناطق مختلفة من آسيا وإفريقيا. ومن ناحية أخرى، لم يعد نفسه في أيٍّ من أدوار السفر التي ذكرنا مواطنًا من بلد يدعى المغرب، بل مواطنًا في دار الإسلام التي كان مُخْلصًا لقيمها الروحية والأخلاقية والاجتماعية العالمية قبل أي ولاءٍ آخر».

الغرب

في فجر القرن السادس عشر، عندما كانت عملية توليف المعرفة تجري في العالم الإسلامي، كان العالم المسيحي الغربي يموج بالاضطراب وتتمزق أوصاله. وبالإضافة إلى الانقسام الثقافي الذي أحدثه عصر النهضة، ظهرت في قلب ذلك الشقاق مشكلة لاهوتية عميقة داخل المسيحية، تتمثل بالعلاقة بين الإيمان والعقل. لم تنشأ المشكلة إلى أن برز فهم أرقى للمنطق والفلسفة والميتافيزيقا في أعمال ابن سينا، وابن رشد. وحاول توما الأكويني[1] في كتابه «المجموعة اللاهوتية» تحقيق التوليف الذي تحقق في الإسلام لكنه عجز عن ذلك. فقد واجه العقل تناقضات جوهرية عند اقترابه من العقائد المسيحية. فبذل الكاثوليك قصارى جهدهم للحفاظ على العقل ضمن مجال المقدس، عبر السماح للإيمان بالتعايش مع العقل.

غير أن مارتن لوثر آثر التحدث صراحةً عن موقفه من العقل:

> «العقل أعظم عدو للإيمان، لا يتحرك ليعين الإنسان على الأمور الربانية أبدًا، بل يبذل قصارى جهده في مناوأة الكلمة الإلهية في كثير من الأحيان، فيعامِل كل ما يصدر عن الله بازدراء».

وهكذا، فإن البروتستانت اعتقدوا أن الإيمان هو السبيل الوحيد للاقتراب من الإله، فتخلوا عن العقل كليًا، وتركوه للعالَم العلماني مع ما ترتب على ذلك من عواقب على

(1) توما الأكويني (1225–1274) فيلسوف سكولائي إيطالي، استندت فلسفته إلى أرسطو، وتمثلت قضيته المحورية بالعلاقة بين العقل والإيمان. حاول إثبات وجود الله بخمسة براهين استنادًا إلى الطبيعة المخلوقة. أشهر مؤلفاته «المجموعة اللاهوتية» (Summa Theologiae). انظر: «المعجم الفلسفي»، تأليف مراد وهبة، ص 254، الهيئة المصرية العامة للكتاب، 2016. [المترجم]

المدى البعيد. وصار العالم المادي هو النطاق الوحيد الذي يمكن أن ينخرط فيه العقل؛ إذ لم يكن له موضع قدم في نطاق الدين. برز نجم الفيلسوف، المترسخة قدمه في العالم المادي، الذي سيتحول بمرور الوقت إلى عالِم العصر الحديث، وسيزعم في النهاية أنه صاحب كل المعارف التي يمكن التحقق منها في هذا الوجود.

نتجتْ عن المنظور المتجرد لعالِم عصر النهضة الذي ظهر في ذلك الوقت، مع نفي العقل إلى العالم المادي، علاقة جديدة مع العالم المادي وصفها فرانسِيس بيكون[1] بصورة مخيفة في كتابه «الأورغانون الجديد». صارت الطبيعة «مستعبَدة بيد البشرية»، وتُستخرج أسرارها بوضعها «تحت القيد والفعل؛ أي عندما تجبرها الفنون ويدُ الإنسان على الخروج من حالتها الطبيعية، فتُعتصر وتخضع للتشكيل». فالعلوم الحديثة «لا تفرض توجيهًا رقيقًا على مسار الطبيعة، بل لديها القدرة على غزو الطبيعة وإخضاعها وهز أساساتها». تلك الرغبة في غزو الطبيعة والسيطرة عليها واستغلالها ستشتعل لاحقًا في أرض بروتستانتية، هي إنجلترا. إن الفصل بين الإيمان والعقل الذي حدث داخل البروتستانتية ضَمِن للملَكة العقلانية أن تصب تركيزها بالكامل على عالم مادي جُرِّد من معناه الروحي. لكن الفرنسي الكاثوليكي ديكارت[2]، كان يفكر ضمن قيود الفلسفة الطبيعية، فطرح الطريقة الآلية للنظر إلى العالم: «لقد وصفتُ هذه الأرض، بل هذا العالم المرئي بأكمله، بأنه آلة». في غضون قرن من الزمان، سيحرك إسحاق نيوتن[3] الكون المنتظم بتصوير عمله مثل الساعة. كانت البشرية في طريقها إلى إظهار تلك الفلسفة في خلق ثقافة الآلة.

ما حدث كان خرقًا لمبدأ إحاطة الكل بالجزء: «الكل يمكن أن يحتوي على الجزء، لكن الجزء لا يمكن أن يحتوي على الكل». فمحاولة العقل أن يدعي امتلاك المعرفة كلها، اختزلت الإنسان إلى آلة تفكير. إن فصل العقل وانحداره إلى العالم المادي على هذا النحو، مصحوبًا بالحواس، أطلق الانحرافات والنظرة القاصرة إلى عالم خلقته الملَكة العقلانية المنفصلة عن سياقها الطبيعي، وهو عقل غير قادر على معرفة الكل أو اختباره. ونحن

(1) فرانسِيس بيكون (1561–1626) فيلسوف إنجليزي، من أعلام الاتجاه التجريبي البريطاني. تركزت كتاباته على النظرة العلمية للكون، ووضع كتابًا أسماه «أتلانتس الجديدة» عن يوتوبيا علمية. ومن أشهر كتبه «الأورغانون الجديد»، و«في تقدم العلم». [المترجم]

(2) رينيه ديكارت (1596–1650). [المترجم]

(3) إسحاق نيوتن (1642–1727). [المترجم]

محاطون بآثار العواقب غير المقصودة التي ترتبت على ذلك حتمًا. وقد أوجزتُ فيما يلي بعضَ أكثر تلك العواقب ضررًا.

كان توماس نيوكومِن تاجر حديد بحكم عمله التجاري، وواعظًا معمدانيًا غير إكليريكي بحكم المهنة. اخترع نيوكومِن في عشرينيات القرن الثامن عشر أول محرك بخاري يعمل بالفحم؛ لحل مشكلة إزالة المياه من المناجم العميقة. لم يكن لديه أية فكرة عن أن عواقب إطلاق الوقود الأحفوري من باطن الأرض والبحار، سيكون من بينها الاحتباس الحراري العالمي، والدمار المحتمل للحياة على الأرض.

أما ألبرت أينشتاين فقد حل معادلة ظلت بعيدة عن أفهام علماء الرياضيات لعقود من الزمن، واحتفى به العالم لأجل ذلك. ولم تكن لديه أية فكرة عن أن تلك المعادلة كانت إحدى الخطوات الحاسمة التي من شأنها أن تؤدي إلى صنع القنبلة الذرية. صاح أينشتاين قائلًا: «لو كنت أعرف، لكنت اتخذت صناعة الساعات حرفتي»، وقضى بقية حياته يشن حملة لنزع السلاح النووي.

وقوبل مبيد د.د.تي بالترحيب بوصفه المنتج المعجزة في الأربعينيات والخمسينيات من القرن الماضي، وحصل مخترعه، بول هيرمان مولر، على جائزة نوبل في عام 1949. لكن في عام 1962، كشف كتاب راشيل كارسون النقاب عن الأثر المدمر الذي تحدثه مادة د.د.تي على الحياة البرية.

وكان توماس ميدغلي مهندسًا ميكانيكيًّا مشهورًا يعمل لدى شركة جنرال موتورز في عشرينيات وثلاثينيات القرن العشرين. وقدم ابتكارين: الأول، إضافة الرَّصاص إلى البنزين للتخلص من الخبط في محركات السيارات. فانطلقت أدخنة عوادم السيارات في البيئة في جميع أنحاء العالم مدة ثمانين عامًا، وما زالت الآثار السامة للرَّصاص باقية فيها. والثاني، استخدام المركبات الكلورية الكربونية للتبريد في الثلاجات ومكيفات الهواء، فكانت نتيجة ذلك إحداث ثقب في طبقة الأوزون. وقد صرح المؤرخ البيئي ج. ر. ماكنيل[1] قائلاً: «كان لميدغلي تأثير على الغلاف الجوي أكثر من تأثير أي كائن حي في تاريخ كوكب الأرض».

---

(1) ج.ر. ماكنيل، مؤرخ بيئي أمريكي، وأستاذ في جامعة جورج تاون. [المترجم]

أما الكيميائي البلجيكي الأمريكي، ليو بايكلاند[1]، فقد فوجئ باختراعه، وصرح قائلاً: «كانت صدفة؛ لأنني لم أقصد ابتكار البلاستيك» صدفة! لكن البلاستيك تسبب في تلويث المحيطات والأنهار والمياه التي نشرب والهواء الذي نتنفس. لم نُدرك إلا في الوقت الحاضر مدى سوء تأثير البلاستيك على صحتنا وصحة كوكبنا.

كان نورمان بورلاوج[2] العقل المدبر وراء ما يسمى بالثورة الخضراء، التي أطلقت عليها الداعية البيئية الهندية فاندانا شيفا[3] اسم «الثورة الكيميائية». فقد تم تسميم الأرض والمياه من باطنها، وتدمير الممارسات والمعرفة الزراعية التقليدية؛ سعيًا وراء إنتاج محاصيل بكميات فائقة. وقد انتحر في الهند نحو 300 ألف مزارع في السنوات الخمس والعشرين الماضية. ويرجع معظم حالات الانتحار إلى إغراق هؤلاء الضحايا في الديون بسبب فرض الزراعة الكيماوية.

اخترع ألكسندر فليمنغ البنيسلين، وهو معجزة طبية أضيفت إلى مستودع الأسلحة في الحرب ضد البكتيريا. لقد تمكنت البكتيريا من مقاومته، وطرأ عليها تحولات في البيئة الحديثة لتربية الدواجن والماشية، وتفاقم انتشارها بسبب ازدحام الناس والسفر حول العالم. وتمثلت أمامنا مشكلة مخيفة الآن؛ إذ صرحت سالي ديفيز، كبيرة المسؤولين الطبيين في إنجلترا، بأننا إذا لم نعكس الاتجاهات الحالية، فإن «البكتيريا الخارقة ستقتلنا قبل أن يقتلنا التغير المناخي».

يشارك علماء الأبحاث في جامعة كمبريدج والمؤسسات الرائدة الأخرى في جميع أنحاء العالم في نشاطين رئيسيين. إما إنهم يتعاملون مع المشكلات الناجمة عن العواقب غير المقصودة للماضي، مثلما يفعل «المسح البريطاني في أنتاركتيكا»، وإما يتعمقون أكثر فأكثر في المادة، مثل «مركز علوم النانو»، فيتسببون دون شك فيه إنتاج الجيل التالي من العواقب غير المقصودة، التي من المحتمل أن تكون أكثر خطورة. إننا نختبر المبدأ السفلي إلى أقصى حدوده: كلما تعمقت في المادة، زادت خطورة القوى التي يجري إطلاقها.

---

(1) ليو بايكلاند (1863–1944). [المترجم]

(2) نورمان بورلاوج (1914–2009) نال جائزة نوبل للسلام عام 1970؛ لإسهامه في السلام العالمي عبر زيادة إمدادات الغذاء. [المترجم]

(3) فاندانا شيفا، باحثة هندية وناشطة في مجال الحفاظ على البيئة. [المترجم]

ومع ذلك، ما من شيء يلقي الضوء على وضعنا المحفوف بالمخاطر أكثر مما يحدث في مجال علم الذكاء الاصطناعي. ففي هذا المجال نحن أمام السيناريو المثالي لإنسان منفصل تمامًا عن الله عز وجل، ويتقمص دور الإله. في القرن التاسع عشر كانت احتمالية أن العالِم سيخلق كائنًا حيًّا ينقلب على خالقه، فكرةً مرعبة. وقد تجسد هذا الكابوس في عالم الأدب في شخصية الوحش في رواية «فرانكشتاين» للكاتبة ماري شيلي[1]. وتناولت السينما في وقت مبكر الفكرة، وانضم العالِم المجنون إلى السجل التاريخي للسينما مجسدًا شخصية كوميدية ومرعبة.

ومع ذلك، يقودنا العلماء الآن إلى عالم أشد خطورة وشرًّا. فهم يصنعون وحشًا لو قارناه بوحش ماري شيلي لبدا الوحش الذي شكَّله فرانكشتاين مخلوقًا غير مؤذٍ. فوحش ماري شيلي خطر يمكن التعامل معه على أية حال. ويوجد عالِمان اثنان بارزان في طليعة المبشرين بفضائل الذكاء الاصطناعي، هما البروفيسور جيم الخليلي[2]، عالم الفيزياء النووية النظرية، الذي ذكر في برنامج وثائقي عُرض عبر شبكة هيئة الإذاعة البريطانية أن:

«الذكاء الاصطناعي يتطور بسرعة، فلم يعد يعتمد على المبرمجين الذين يغذونه بالقواعد فحسب، بل يتعلم من تلقاء نفسه كيف يؤدي مهام مذهلة بسرعة أكبر، وأحيانًا أفضل مما نستطيع نحن. إضافة إلى ذلك، بدأ الذكاء الاصطناعي في اكتشاف طرق لإنجاز المهام التي لم نكن نعرف عنها شيئًا. والآن لا أرى أن هناك أي غبار سحري ينبغي لنا أن ننثره على المادة الرمادية في أدمغتنا لاستنفار الوعي، فما من شيء تفعله أدمغتنا لا يمكن محاكاته من حيث المبدأ. أشعر بدفقة إلهام مصدرها ما يستطيع أن يفعله الذكاء الاصطناعي اليوم، وأرى أننا بفضله سنوسع قدراتنا إلى حد كبير، ونغيِّر حياتنا على نحو لم تبلغه مخيلاتنا حتى الآن».

---

(1) «فرانكنشتاين» رواية للكاتبة ماري شيلي (1797–1851) نشرت في عام 1818، وتحكي قصة العالِم فرانكنشتاين الذي يشكِّل مخلوقًا من أعضاء أموات. [المترجم]

(2) جيم الخليلي، هو جميل صادق الخليلي، عالم بريطاني عراقي في الفيزياء النظرية، ومقدم برامج عبر شبكة راديو وتلفزيون هيئة الإذاعة البريطانية. [المترجم]

أما المخترع وعالم المستقبل الأمريكي، رايموند كرزويل، فقد أعرب في مقابلة عن وجهة نظر مفادها:

«ستدخل الرقائق الإلكترونية في أدمغتنا، وسترتبطها بتكنولوجيا السحابة الإلكترونية، ليس للقيام بأعمال مثل البحث والترجمة فقط، وإنما لتوسيع نطاق قوة تفكيرنا... ولمنحِنا المزيد من الوحدات القشرية الدماغية الجديدة والمزيد من التسلسل الهرمي لتلك القشرة التي ستجعلنا أكثر ذكاءً، وتمكِّننا من تأليف موسيقى ذات معنى أعمق، وأن نكون كائنات أكثر مرحًا وأكثر إبداعًا في الفن، لتحسين صفات الإنسانية التي نقدرها».

هذا الاعتقاد بأن العالم سيكون قادرًا بمرور الوقت على استنساخ الدماغ البشري بالكامل وتقوية عمله، يقودنا إلى فصل آخر مرعب في سردية التقدم. فعندما رأيتُ صورة التطور القياسية للمرة الأولى، وكيف يتطور قرد إلى إنسان ثم يأتي سايبورغ في مقدمة الصف، ظننت أنها مجرد مزحة. إلا أن المتحمسين للذكاء الاصطناعي جادُّون في مسعاهم غاية الجدية، فهم يعتقدون حقًّا أن المرحلة الآتية من التطور هي السايبورغ.

من الصعب أن نعرف كيف يمكن الرد على هذا المستوى من انعدام الْفَهْم التام للطبيعة الحقيقية للإنسانية ومعجزة الخلق. إن فكرة وجود آلة تحكمها خوارزميات يمكنها أن تحاكي المخلوق البشري، لهي فكرة موغلة في السخف ومثيرة للقلق إلى حد بعيد. والواقع أن علماء عديدين أعربوا عن عدم ارتياحهم للمخاطر التي يشكلها الذكاء الاصطناعي. تناول إيلون ماسك صلب هذا الموضوع فقال: «باستخدام الذكاء الاصطناعي، نحن نستدعي الشيطان». وتوقع بيل غيتس بقدرٍ من القلق: «لست أدري لِمَ لا يشعر بعض هؤلاء بالقلق!»، وحذر ستيفن هوكِينغ من أن «الذكاء الاصطناعي يمكن أن يعني نهاية الجنس البشري».

تُطرح أسئلة جدية أيضًا بشأن النظريات العجيبة التي يطرحها العلم حيال الكون. فما مدى دقة الفكرة التي تتحدث عن أن الكون يتشكل من 95٪ من المادة المظلمة والطاقة المظلمة؟ فقد أظهر عالم فيزياء الجسيمات من جامعة كمبريدج، الدكتور هاري كليف، هشاشة تلك النظرية خلال محاضرته في الجمعية الملكية:

«عندما تسمع كلمة 'مظلمة' في الفيزياء، فلا بد أن تشعر بارتياب شديد؛ لأنها تعني في الأساس أننا لا نعرف ما الذي نتحدث عنه».

وثمة أفكار خيالية أخرى تخرج من رحم الخيال العلمي. فلا يوجد دليل تجريبي على نظرية الأوتار، وأما في حالة نظرية الأكوان المتعددة فالأدلة التجريبية مستحيلة أصلًا.

سُئل ستيفن هوكِنغ في فيلم وثائقي أُنتج قبل وفاته بفترة وجيزة: «توجد في الفيزياء هاتان النظريتان الهائلتان: نظرية النسبية لأينشتاين، وميكانيكا الكم. لقد كان المزج بين هاتين النظريتين معًا بمثابة الطموح الكبير الذي يصعب التنقيب عنه ويطول، ويسعى إليه بعضهم لفترة من الزمن، ويشار إليه باسم «نظرية كل الأشياء»، فهل ترى أننا سنبلُغ ذلك؟» فأجاب: «أعتقد أننا سنكتشف في نهاية المطاف نظرية موحَّدة، وإن كانت ستستغرق أكثر من عشرين عامًا بعكس ما توقعتُ قبل خمسة وأربعين عامًا».

ثمَّة سبب بسيط للغاية يجعل «نظرية كل الأشياء» مراوغة بالنسبة للعلماء. إن العالم المادي للعالِم هو جزء من حقيقة أكبر. فمبدأ إحاطة الكل بالجزء ما يزال قائمًا، ولا يمكن للجزء أن يحتوي الكل. إن رغبة العالِم في الوحدة هي طموح إنساني أساسي وطبيعي، ولكنها لن تتحقق إلا من خلال شمولية الإدراك البشري.

إذا ما حددنا معنى العبادة الصنمية بأنها عالَم لا يكون له معنًى إلا وَفْقًا لمعاييره الخاصة ولا صلة له بالواقع؛ لأمكننا وصف عالم الآلة الذي نعيش فيه -الذي خرج من مخيلة العقل المنطقي- بأنه عبادة صنمية. لقد لاحظ المؤرخ الكاثوليكي كريستوفر داوسون، أن الإنسان المعاصر انقطعت صلته بالسماء والأرض. فنحن مثل رواد الفضاء موجودون في عالم اصطنعناه بأيدينا. والعبادة الصنمية الحديثة هي عبادة الموت، وتشكل عالمها من إبادة جميع الثقافات السابقة، وتدمير العالم المادي. لكنْ لكي تؤتي العبادة الصنمية الحديثة ثمارها، يجب أن يُبرَم زواج بين العالِم الحديث والتاجر الذي تم تحريره حديثًا، وهو الموضوع الذي سأتناوله في الفصل التالي.

الفصل الرابع
التجارة

الإسلام

أنزل الله القرآن الكريم على مجتمع ناءٍ كان يتحكم في أحد شرايين التجارة الرئيسية، ويتحكم في منتج أساسي هو البَخُور. كان دور التاجر مدمجًا في ذلك المجتمع، وقد خاطبت آيات عديدة في القرآن الكريم التاجر. ونرى في هذه الآيات، مجددًا، التوكيد على ضرورة تحري الميزان والإنصاف في البيع والشراء.

﴿وَٱلَّذِينَ إِذَآ أَنفَقُواْ لَمۡ يُسۡرِفُواْ وَلَمۡ يَقۡتُرُواْ وَكَانَ بَيۡنَ ذَٰلِكَ قَوَامًا﴾ [سورة الفرقان، الآية: 67].

﴿وَأَوۡفُواْ ٱلۡكَيۡلَ إِذَا كِلۡتُمۡ وَزِنُواْ بِٱلۡقِسۡطَاسِ ٱلۡمُسۡتَقِيمِۚ ذَٰلِكَ خَيۡرٞ وَأَحۡسَنُ تَأۡوِيلٗا﴾ [سورة الإسراء، الآية: 35].

﴿وَيۡلٞ لِّلۡمُطَفِّفِينَ ۝١ ٱلَّذِينَ إِذَا ٱكۡتَالُواْ عَلَى ٱلنَّاسِ يَسۡتَوۡفُونَ ۝٢ وَإِذَا كَالُوهُمۡ أَو وَّزَنُوهُمۡ يُخۡسِرُونَ﴾ [سورة المطففين، الآيات: 3-1].

فتح النجاح المبكر للإسلام عالمًا شاسعًا للنشاط التجاري. تدفقت الثروة إلى المجتمع، وواجه العلماء خطر انسحاق الأمة أمام حب الدنيا. ويتناول العديد من كتب العلماء في وقت مبكر المسائل المتعلقة بالتجارة، وكيف ينبغي ممارستها في ضوء تعاليم الإسلام. ويُخصص جزء كبير من الشريعة لتعريف دور التاجر وتنظيمه. ويُستشهد في هذا الصدد بأحاديث نبوية كثيرة، منها:

«رَحِمَ اللهُ رَجُلًا سَمْحًا إِذَا بَاعَ، وَإِذَا اشْتَرَى، وَإِذَا اقْتَضَى». (رَوَاهُ البخاري).

«أَعْطُوا الْأَجِيرَ أَجْرَهُ قَبْلَ أَنْ يَجِفَّ عَرَقُه». (رَوَاهُ ابن ماجه).

«مَن أَنْظَرَ مُعْسِرًا أَوْ وَضَعَ عنه، أَظَلَّهُ اللهُ في ظِلِّهِ». (رَوَاهُ مُسْلِم).

في المجتمعات الصينية والعالم المسيحي، كان التاجر يحتل مكانة متواضعة بل كان محتقرًا. أما في العالم الإسلامي فكان التاجر الفاضل يحظى باحترام كبير.

«التاجِرُ الصدُوقُ الأمينُ مع النبيِّينَ والصدِّيقِينَ والشُّهداءِ» (رَوَاهُ الترمذي).

أصبح التاجر الورع حجر الزاوية في الحضارة الإسلامية. وكانت الأسواق متاخمة للمساجد. عندما تسير في سوق تجاري في الشرق الأوسط اليوم، ستصل إلى أسماعك موسيقى البوب من مكبرات الصوت، بينما في عصور ما قبل الحداثة كانت الحناجر تصدح بتلاوة القرآن الكريم. وفي وقت الصلاة كان الهدوء يسود السوق، وإذا زار المدينة عالِم مشهور، كان التجار يغلقون متاجرهم لسماع أحاديثه في المسجد.

وعلى نقيض الحال في الغرب حيث تسود الروح التنافسية مجال الأعمال التجارية، كانت التجارة في الإسلام مسعًى تعاونيًّا. كانت الأسواق تنتظم بحسب نوع أنشطتها. وكان يسود الاعتقاد أن البيع الأول في اليوم له بركة خاصة. فإذا كان تاجر ما قد رزق بزبون وأتم البيع وجاءه آخر لكنه لاحظ أنَّ تاجرًا زميلًا له لم يُرزق بزبون حتى اللحظة، فكان يرشد الزبون إلى دكان زميله. وإذا ضاقت الحال بأحد التجار كان زملاؤه يجتمعون حتى ينتشلوه من عثرته، فينهض بتجارته من جديد. ومع تطور الحضارة صار لتلك الممارسات طابع رسمي داخل نقابات، شملت الحرف أيضًا.

كانت النقابات هيئات اعتبارية للتجار والحرفيين تنظم دخولهم في التجارة، والمعاملة المتساوية فيما بينهم، وفتح المتاجر وجودة العمل والمنتجات. واضطلعت النقابات أيضًا بالتحكيم في النزاعات بين أعضائها، والتأكد من تناسب الأسعار. وعندما كان المبتدئ يتدرب على مهنة أو حرفة كان يتعلم قواعدها الأخلاقية والمهنية. وغالبًا ما كان للنقابات رعاة دينيون واحتفالات استهلال لعملها؛ ومن ثم اصطبغ العمل اليومي بصبغة دينية.

لسنا في حاجة إلى توكيد أهمية العمل الخيري في الإسلام، وأهمية توزيع جماعة التجار فائض ثرواتهم، فقد ساهم ذلك إلى حد كبير في خلق مجتمع متضامن ومتكامل. والقرآن الكريم حافل بالتوجيهات التي تحث المؤمنين على تقديم الصدقة:

﴿يَسْـَٔلُونَكَ مَاذَا يُنفِقُونَۖ قُلْ مَآ أَنفَقْتُم مِّنْ خَيْرٍ فَلِلْوَٰلِدَيْنِ وَٱلْأَقْرَبِينَ وَٱلْيَتَٰمَىٰ وَٱلْمَسَٰكِينِ وَٱبْنِ ٱلسَّبِيلِۗ وَمَا تَفْعَلُواْ مِنْ خَيْرٍ فَإِنَّ ٱللَّهَ بِهِۦ عَلِيمٌ﴾ [سورة البقرة، الآية: 215].

إضافة إلى ذلك، وردت أحاديث نبوية عديدة تحث على الصدقات:

«ليس مِن نفسِ ابنِ آدمَ إلَّا عليها صدقةٌ في كلِّ يومٍ طلَعَتْ فيه الشَّمسُ. قيل: يا رسولَ اللهِ ومِن أينَ لنا صدقةٌ نتصدَّقُ بها؟ فقال: إنَّ أبوابَ الخيرِ لكثيرةٌ: التَّسبيحُ والتَّحميدُ والتَّكبيرُ والتَّهليلُ والأمرُ بالمعروفِ والنَّهيُ عنِ المنكَرِ، وتُميطُ الأذى عن الطَّريقِ، وتُسمِعُ الأصَمَّ، وتَهدي الأعمى، وتدُلُّ المستدِلَّ على حاجتِه، وتسعى بشدَّةِ ساقَيْكَ مع اللَّهفانِ المستغيثِ، وتحمِلُ بشدَّةِ ذراعَيْكَ مع الضَّعيفِ، فهذا كلُّه صدقةٌ منك على نفسِك». (رَوَاهُ مُسْلِمٌ).

وعَنْ أَبِي هُرَيْرَةَ رضي الله تعالى عنه: أَنَّ رَسُولَ اللَّهِ ﷺ قَالَ:

«إِذَا مَاتَ ابنُ آدم انْقَطَعَ عَنْهُ عَمَلُهُ إِلَّا مِنْ ثَلَاثٍ: صَدَقَةٍ جَارِيَةٍ، أو عِلْمٍ يُنْتَفَعُ بِهِ، أَوْ وَلَدٍ صَالِحٍ يَدْعُو لَهُ». (رَوَاهُ مُسْلِمٌ).

أصبحت الصدقة المستمرة مؤسسية في صورة الوقف الخيري. ويرجع التأصيل الشرعي للوقف الخيري -إضافة إلى الحديث المذكور أعلاه- إلى مروية عن كيف أوصى النبي ﷺ عمر بن الخطاب بتحويل بعض الأراضي التي حصل عليها في خيبر إلى وقف، ووضع شروطًا معينة له. من بين الشروط عدم بيع تلك الأراضي، أو توريثها، أو تقديمها هدية، وإن من كان وليًّا عليها له أن يأكل منها ويطعم الصديق، لكن ليس له أن يراكم منها شيئًا إلى ثروته الخاصة. شكلت تلك المبادئ الأساس لمؤسسة الوقف التي قد تمثل ما يصل إلى نصف ثروة المجتمعات الإسلامية.

إن التجار المسلمين، الذين تشبعوا بمعرفة دينهم وحبه، حملوا الإسلام معهم حتى الصين في الشرق، وإلى ما يعرف بنيجيريا حاليًّا في غرب إفريقيا. استقر كثير من هؤلاء التجار في تلك المجتمعات وأصبحوا جزءًا منها، ومع استقرارهم وتفاعلهم مع السكان المحليين نمت تجمعاتهم فصارت مدنًا، وتطورت المدن القديمة مع رسوخ الحضارة. وتوسعت دار الإسلام عبر التجارة، وعادت إلى مركزها عن طريق الحج إلى مكة.

الغرب

في المسيحية، مثلما أشرنا آنفًا، احتل التاجر مكانًا متواضعًا في التسلسل الهرمي. وكانت غالبية أنشطة التجارة محلية؛ إذ كان التجار الإيطاليون واليهود مسؤولين بالأساس عن التجارة الخارجية، وكانوا مرتبطين بشبكة التجارة الإفريقية والأوراسية. ومع انهيار العالم المسيحي برزت سلطة طبقة التجار. كان جاكوب فوجر (تُوفي عام 1525) مصرفيًا ورجل أعمال ألمانيًا، استفاد استفادة كاملة من زمن التحول، واشتهر بأنه أغنى رجل عاش على الأرض على الإطلاق. فقد أقنع البابا ليو العاشر، وكان من عائلة ميديتشي التي عملت في الصرافة، برفع الحظر المفروض على الممارسات الربوية؛ إذ كان فرض الفائدة على الإقراض يعد خطيئة ومعصية في المسيحية والإسلام واليهودية. وعلى ذلك أوضح البابا أن الفائدة تعد ربًا في حال كان القرض «من دون عمل، أو كلفة، أو مخاطرة». وفي كتابه «أغنى رجل على الإطلاق» (The Richest Man Who Ever Lived) يقول الصحفي المخضرم غريغ شتاينميتس: «كان قرار ليو فتحًا عظيمًا للرأسمالية إذ تسارع تمويل الديون بنتيجته. وشرع الاقتصاد الحديث يسير في طريقه». فقد أنشأ الهولنديون أول بنك وطني، وتبعتهم الدول الأوروبية الأخرى. وسار التجار في أعقاب الغزاة الأوروبيين، وأنشأت الأمم الهولندية والإنجليزية والفرنسية وغيرها من الأمم الأوروبية شركات تجارية، وكانت النماذج الأولية للشركات الضخمة التي نراها في عالم اليوم، وكانت تغطي جميع الأراضي التي كانوا يعملون مع أهلها. وتهيأ المسرح للنشاط الذي من شأنه أن يجلب التاجر إلى مركز المسرح العالمي، وفُتح الباب أمام نشأة العالم الحديث. كان فلاسفة الطبيعة يتخيلون العالم آلة، لكنَّ التجار والحرفيين هم من حولوا هذه الفكرة إلى واقع.

رأى أوغست كونت[1] أن الطريقة العلمية هي الضامن الوحيد للمعرفة، وأنها حلت محل الميتافيزيقا في التطور الاجتماعي للإنسان. انتقلت دراسة المجتمع البشري والإنسان إلى العلوم، بعد فحص الفرد وإجراء التجارب عليه كما لو كان حيوانًا مكونًا من أجزاء آلة. لقد هيأت سيادة الفرد الإنسان—جنبًا إلى جنب مع وضعه الحيواني الجديد— ليكون الموضوع المثالي لعالم يحكمه التاجر الآن.

---

(1) أوغست كونت (1798–1857) فيلسوف، وعالم اجتماع فرنسي، ومؤسس المذهب الوضعي (Positivism)، يرى أن «الفكر الإنساني لا يُدرك سوى الظواهر الواقعية المحسوسة وما بينها من علاقات أو قوانين». ويدلل على نسبية معارفنا بعرض تاريخ العقل، فيقول: «إن العقل مر بحالات ثلاث: حالة لاهوتية، وحالة ميتافيزيقية، وحالة واقعية». انظر: المعجم الفلسفي، مراد وهبة، 2016، ص 783–784. [المترجم]

لكنَّ ظهور هذا العالم التجاري بالكامل استغرق وقتًا. ففي بريطانيا العظمى، طَوَالَ القرن التاسع عشر، كانت الصناعات الجديدة تحل ببساطة محل الحرف القديمة. وقدَّم إحياء المسيحية تعاليم أخلاقية إلى المجتمع، واستمر التعليم الكلاسيكي في تثقيف الرجل الإنجليزي. وظهر العالَم الحديث بالكامل في الولايات المتحدة الأمريكية، فظهرت شركات تجارية جديدة سيطرت سيطرة تامَّة على العالم المادي، وقدَّمت كل ما يحتاجه الإنسان، ثم استمرت في إنتاج كل ما يمكن أن يرغب فيه الفرد. ولكي يمتثل الإنسان لهذا المجتمع التجاري الجديد، أعيدت تسميته. فبينما كان الناس في العالم المسيحي مسيحيين، وفي عالمنا المتحضر كان طموحهم هو أن يكونوا مخلوقات متحضرة، فقد أُعيد تعريف البشر في هذا العالم الجديد الشجاع[1] بوصفهم مستهلِكين. لم تقدم الشركات الجديدة الاحتياجات التقليدية من مأوى، وغذاء، وكساء فحسب، بل انتقلت إلى مجالات الترفيه، والاستجمام، والتعليم، وأصبحت ناقلة لأخلاق جديدة في ظل احتضار تأثير الكنيسة والتعليم الكلاسيكي.

مع عصر النهضة حلت الكلاسيكيات والدراسات الإنسانية محل الكتاب المقدس والدين، فصارت عماد المناهج التعليمية الجامعية، بينما حلَّت حاليًّا العلوم ودراسات الأعمال محل الكلاسيكيات والدراسات الإنسانية. صار الابتكار وريادة الأعمال هما الهدف الرئيسي؛ إذ عليك أن تبتكر شيئًا جديدًا، وأن تكون قادرًا على بيعه. ففي إنجلترا –على سبيل المثال– ينضوي التعليم العالي الآن تحت لواء وزارة الأعمال والابتكار. وتتطلب هذه الثقافة المادية المتغيرة باستمرار والمعقدة تعقيدًا متزايدًا، نظامًا تعليميًّا على نطاق صناعي لتوفير المهارات والتخصصات التي تدعمها، ويُدمَج الأطفال في هذا النظام في وقت مبكر من حياتهم.

واحتلت المراكز المالية قلب مدننا بدلًا من الكاتدرائية، وباتت البنوك تفخر بمبانيها التي ترتفع باستمرار لتناطح السحاب. ولولا التحول الذي أحدثه النظام المصرفي لما أمكن أن يبرز هذا العالم الحديث إلى الوجود. ومع ذلك، تحورت الخدمات المصرفية داخل النظام الحديث فأصبحت عالمًا بحد ذاته، تُخلق فيه الأموال من العدم، وبوسائل يصعب علينا فهمها أكثر وأكثر. لقد تحولت الأعمال المصرفية إلى نوع غريب من الباطنية المادية.

---

(1) الإحالة هنا إلى رواية «عالم جديد شجاع» (Brave New World) للكاتب البريطاني ألدوس هكسلي (1894–1963)، وتعرض دولة عالمية في المستقبل (مدينة فاسدة) يخضع فيها المواطنون لسيطرة الدولة خضوعًا تامًّا، وتحدد مواقعهم الاجتماعية بحسب استنساخهم على مستويات ذكاء محددة. [المترجم]

أما قدس أقداس النظام الحديث فهو سوق الأوراق المالية. إذا صعدت قيمة الأسهم فهو الفردوس، وإذا هبطتْ فهي الجحيم. وصار النمو الاقتصادي هو أهم الأمور على الإطلاق. واليوم، لكي يستمر النظام الحديث في النمو، عليه أن يغوص بقدميه في الديون أكثر فأكثر. وبعد أزمات مالية عديدة، يتوقع بعض الاقتصاديين ألا يتمكن هذا النظام من الاستمرار.

لقد أعادت التجارة هيكلة طريقة حياتنا، التي أصبحت الآن مقسَّمة بين العمل والترفيه. أما العمل فهو منظَّم للغاية، ومنضبط، ويستغرق معظم وقتنا. والترفيه فهو ملكنا، هو وقتٌ كسبناه، ويمكننا أن ننفقه حسب ما يتفق وأهواءنا؛ بوسعنا الانضمام إلى مشجعي كرة القدم، أو متابعة فرقتنا الموسيقية المفضلة في عطلة نهاية كل أسبوع، أو مشاهدة الأفلام، أو لعب ألعاب الفيديو بقدر ما نحب. يمكننا الرد على دعوة شركة السفر لزيارة منتجع فردوسي جديد في فترات الراحة القصيرة بعيدًا عن مكان العمل؛ أي أيام عطلاتنا (holidays) التي كانت في العالم المسيحي أيامًا مقدسة (holy days)؛ أي الجنة على الأرض الآن، إلى أن يُفسد جوها كثرة الزوار. ويمكننا أن نسافر ونراقب الكائنات الأخرى التي تعيش في محميات بعيدًا عن موائلها الآخذة في الاختفاء، وتعيش منعزلة عنا. ويمكننا السفر ودراسة أي عدد من الثقافات والحضارات البائدة والمحتضرة في متاحفنا، وتناول الطعام من أي مكان في العالم. وإذا كانت لدينا ميول دينية، يمكننا أن نتعبَّد بالطريقة التي تروق لنا. هذا حقنا، لكنه جزء من عالمنا الخاص للترفيه، ولا علاقة له بمحل عملنا؛ أي بالعمل. لم تعد أماكن العبادة هي الأماكن التي نلتقي في رحابها ونحتفل فيها باجتماعنا، بل مراكز التسوق.

غير أن النظام الحديث يواجه مشكلة كبيرة في تحويله الإنسان إلى مستهلِك، فالإنسانية مخلوقة لتستمر زمنًا طويلًا. في الأحوال العادية يبقى معظم الناس في أماكن ولادتهم لا يغادرونها طَوَالَ حياتهم، ويبقون مرتبطين ارتباطًا شديدًا ببيئاتهم الخاصة، يعيشون في كنف عائلاتهم الممتدة ومجتمعاتهم من المهد إلى اللحد، ويقيمون علاقات عميقة ودائمة. وما كان يُسمى الإرث المنقول؛ أي الممتلكات الثمينة التي كانت تتناقلها العائلة جيلًا بعد جيل، لم يتمّ التخلص منها بل يصار إلى تصليحها إلى أن تتلف تمامًا. فمن خلال دينهم وطريقة حياتهم كان الناس جزءًا من الدورات الطبيعية، ومن إيقاعات اليوم، والأسبوع، والشهر، والسنة.

لذلك، حتى يتم خلق الإنسان المستهلك كان لا بد من أن تستبدل بالمدة الطويلة للاستهلاك المدة القصيرة. يجب أن تصبح المدة القصيرة هي القاعدة —مع اندفاع الأدرينالين

الذي يصاحب الإثارة، أو الوصول المفاجئ، أو الحدث المتوقع، أو الصدمة، أو الهروب من الخطر- حتى يتوق الفرد دائمًا إلى التجربة الجديدة والإحساس الجديد. يجب أن يستبدل بالإرث المتناقل منتجات استهلاكية من أجل الحفاظ على دوران الآلات في المصانع. يجب رفع جميع القيود عن الفرد بهدف إطلاق العِنان للرغبة الخالصة، وخَلْق المستهلك المثالي.

أنتجت طريقة الحياة الحديثة بيئة حولت الليل إلى نهار، وحطمت المجتمعات والأسرة الممتدة، واختزلت أساس المجتمع إلى الأسرة النووية. والأسرة النووية غير مستقرة للغاية، وغالبًا ما تنتهي بها الحال إلى أسرة على رأسها والد وحيد. ومع ذلك، فالتغيير الذي يحدث في عالم الطفولة هو الأكثر جذرية.

الطفولة لغز عظيم. يعيش الأطفال في عوالمهم الخاصة حتى سن السابعة تقريبًا. وقد لاحظ علماء الأعصاب أنه في هذه السن يحدث تغيير في الدماغ. من المتعارف عليه أن الطفل بعد سن السابعة يبدأ في التعلم. وإنه لأمر مدهش قلة الذكريات التي يمكننا أن نستدعيها من طفولتنا المبكرة. يحدث هذا لسبب وجيه للغاية؛ فنحن كائنات روحانية، وعندما نخرج إلى هذا العالم نستخدم حواسنا، وندرك كل ما هو حولنا مباشرة من خلالها. نبدأ حياتنا بمخيلة نقية ونعيش اللحظة. يمكن للأطفال الذين يلعبون معًا تخيل أي شيء: يمكنهم تحويل جذع شجرة إلى عربة رائعة تجرها خيول، والعصا إلى سيف، ويمكن أن يصبحوا قراصنة أو أمراء بفضل قوة مخيلتهم. في البيئات العادية، سيكون الأطفال قادرين على التجول، ومعهم الأطفال الأكبر سنًّا الذين يتولون القيادة. ومع نمو الأطفال، سيمرون بمراحل القيادة، ويصبحون قادة، ويعايشون الفرح والإحباطات والبؤس عبر التفاعل مع أقرانهم. تمتلئ ألعابهم بالضحك والبكاء والمأساة والمغامرة والكوميديا. ويفرض المجتمع الحدود على تجوالهم ولا يتدخل إلا عندما تخرج الأمور عن السيطرة. أتاحت الطفولة الجماعية المتجولة للأطفال أن ينموا نموًّا طبيعيًّا، وأن يطوروا خيالهم وشخصياتهم، وأن يكوِّنوا صداقات تدوم مدى الحياة.

لكنَّ الصَّنمية الحديثة تتطلب منَّا أن نتحول إلى مستهلكين؛ الأمر الذي لا يمكن تحقيقه إلا إذا أعيدت هندسة الطفولة. لا بد أن يكون الطفل مؤهلًا للعيش في دورات قصيرة المدة، ومن أجل تحقيق ذلك يجب اختراع طفولة استهلاكية؛ لذلك، ابتكر المسوقون نسختهم من الطفولة. توضع أمام الطفل الألعاب البلاستيكية ذات الألوان المبهجة التي لا تترك متسعًا أمام مخيلته. والطفل ينبهر بالنسخة التي أمامه، ويلعب بها لفترة قصيرة، ثم سرعان ما يشعر

بالملل. ولإبقاء الطفل سعيدًا، تستبدل اللعبة بأخرى، وعلى هذا النحو تستمر الحال حتى تتشكل شخصية الطفل المدمنة. تتعرض مخيلة الطفل للهجوم بواسطة الأفلام والألعاب التي تسعى إلى تنويم الطفل تمامًا. فإذا سُلبت من الطفل مخيلته وصار معتمدًا على مصدر خارجي، وهكذا يتولى المصدر الخارجي غسل المخيلة، فيبدأ الكابوس الكَنْتي[1]، فالطفل مغمور ومحاط كليًا بصور وأيديولوجيا سيادة الفرد، ويلقَّن منذ سن مبكرة أنه يجب أن يفكر لأجل نفسه، دون تحقيق أي تطوير شخصي، أو الوصول إلى معايير موضوعية.

بعد انتزاع الأطفال من طفولتهم قبل الأوان، ومع تشوه هوياتهم، يصبحون مهووسين بذواتهم، وينظرون إلى العالم بعيون المستهلكين؛ فقد صار كل شيء الآن مسألة اختيار شخصي. وبحلول وقت العبور الأساسي التالي في سنوات المراهقة، يتمرد الطفل. حُرم الأطفال من التجوال ومن تكوين علاقات مناسبة في عالم الطفولة الخاص بهم؛ لذا يحاولون في سني المراهقة الانتقالية إنشاء مجتمعهم الخاص بعيدًا عن البالغين، وذلك في أهم وقت ينبغي للعلاقة بين الكبار والطفل أن تساعد في إدخال الطفل إلى مرحلة البلوغ. أما ما يتلو ذلك فقد تولى روبرت بلاي وصفه ببراعة في كتابه «مجتمع الأخوة» (Sibling Society). فبدلًا من البنية الاجتماعية الرأسية التي تربط المراحل المختلفة من الحياة، يتحول المجتمع إلى مجتمع أفقي متعدد الطبقات، ويكون كل جيل فيه أسيرًا إلى الأبد في مرحلة مراهقة لا تنتهي.

لقد حولت هيمنة التاجر المجتمع البشري إلى شهية لا يمكن إشباعها أبدًا، تلتهم العالم حرفيًّا.

(1) لعل الكاتب يقصد بـ«كابوس كَنْت» ما ذكره إيمانويل كَنْت في مقال «ما الاستنارة؟»، من أن الكسل العقلي والجبن هما السبب وراء بقاء أعداد كبيرة من البشر في حالة جهل يعتمدون على الغير ليرشدوهم في كل أمور حياتهم، بدلًا من اكتسابهم الجرأة واستغلال قواهم العقلية والتفكير بأنفسهم ولأنفسهم. [المترجم]

الفصل الخامس
الفن والبيئة

الإسلام

يشير الإمام الغزالي إلى حكمة الحِرفي، فمن خلال الارتقاء بالحواس شارك الحرفيون في توليف المعرفة. ومثلما كرست الشريعة أسلوب حياة المسلم، صمم الحرفيون البيئة التي يمكن أن يعيش فيها المسلمون أسلوب الحياة الإسلامي. ظهرت الشريعة والمدينة الإسلامية ظهورًا عضويًّا بالتوازي. وشكلت الجيوش العربية تجمعات سكانية جديدة تمركزت خارج المراكز السكانية الكبرى، ونمت تلك التجمعات حتى صارت مدنًا، وأشهرها الكوفة، والقيروان، والفسطاط. وكان أهم بناء في المدينة هو المسجد الكبير، وكانت تجاوره الأسواق؛ ومن ثم الأحياء السكانية المختلفة. كان لكل حي مسجده وحماماته العامة. ونشأت معاهد العلم حول المساجد، بينما وجِدت حول الأسواق ورش العمل، والمستودعات، والخان الذي ينزل به التجار المسافرون.

كانت المدينة مثل خلية نحل، تترابط أجزاؤها المختلفة بممرات ضيقة. كان مظهر بيئة المدينة من الخارج بسيطًا، ويشع داخل المساجد والمنازل النور والجمال؛ ما يبرِز هدف المؤمن في عيش حياة خارجية بسيطة وحياة داخلية غنية. كان المسلم يخلع نعله عند دخول المسجد والمنزل، ما رسم حدًّا واضحًا بين صخب العالم الخارجي وهدوء الحرم الداخلي للعائلة، وجماعة المصلين في المسجد.

غيَّر ذلك النموذج للمدينة شكل المراكز التاريخية الموجودة، وانتشر عبر العالم الإفرو-أوراسي في ظل اتساع نطاق دار الإسلام. وما يزال بالإمكان رؤيته اليوم فيما تبقى من مدن الإسلام التقليدية.

مع أن تشكيل الفن الإسلامي استغرق وقتًا، إلا أن المبادئ الأساسية للعمارة الإسلامية ظهرت بالفعل في مسجد قبة الصخرة في القدس، الذي بني بعد نحو ستين عامًا من وفاة النبي ﷺ. فقد أرسل الإمبراطور البيزنطي هدية إلى الخليفة الأموي عبد الملك تتمثل في

مئات الحرفيين الذين شيدوا ذلك المسجد الذي يعد أول تجلٍّ للجماليات الإسلامية تجليًا كاملًا. لقد أوضح صانع النماذج المعمارية الراحل، كيم ألين، كيف أن هندسة مسجد قبة الصخرة تنطوي على توازن مثالي لم يتحقق في الصروح البيزنطية السابقة. ذلك التوازن بين الرأسي والأفقي سمة من سمات المسجد، على عكس الكاتدرائية القوطية بتوكيدها على الرأسي. لكن الزخرفة في المسجد التي نراها اليوم جاءت بعد ذلك بكثير. وأما الجامع الأموي في دمشق، الذي بني بعد قبة الصخرة ببضع سنوات، فيعرض فسيفساء لمشاهد مستمدة من الطبيعة، وقد اكتمل بناؤها في ذلك الوقت.

ومضت أكثر من مائتي عام قبل أن يوحد الخطاط ابن مقلة[1] أشكال الخطوط التي تعبر تمامًا عن مفهوم الوحدة الكامن في صميم الوحي الإسلامي عندما تدمج في النمط الهندسي والأرابيسك، وتضمن في محيطها المعماري أن تكون البيئة الإسلامية خالية من الصور الطبيعية تجنبًا لخطر التردي إلى تمجيد الجسد البشري. ساعد جمال الأشياء في الحياة اليومية على تقدير الأفعال البسيطة مثل الاغتسال وتناول الأكل، بينما كانت متعة المحادثة تتزين بروعة الشعر والقصص. إن مسرح الحياة الغني والباعث على الرضا أغنى المسلمين عن فن المسرح. كانت الحياة هي المسرحية، من المهد إلى اللحد، والمجتمع بأسره هو فريق التمثيل.

كانت البساتين والحدائق تحيط بالمدينة وتندمج فيها، فتجود على الناس بثمارها، وكانت أماكن للترفيه وتجديد الطاقة في الوقت نفسه. غرس القرآن الكريم والحديث النبوي في نفوس المسلمين احترام الطبيعة، وعمق علاقة الإنسان بالخالق:

﴿أَفَرَءَيْتُم مَّا تَحْرُثُونَ ۝٦٣ ءَأَنتُمْ تَزْرَعُونَهُۥٓ أَمْ نَحْنُ ٱلزَّٰرِعُونَ﴾. [سورة الواقعة، الآيات: 63-64].

﴿وَٱلْأَرْضَ وَضَعَهَا لِلْأَنَامِ ۝١٠ فِيهَا فَٰكِهَةٌ وَٱلنَّخْلُ ذَاتُ ٱلْأَكْمَامِ ۝١١ وَٱلْحَبُّ ذُو ٱلْعَصْفِ وَٱلرَّيْحَانُ ۝١٢ فَبِأَىِّ ءَالَآءِ رَبِّكُمَا تُكَذِّبَانِ﴾. [سورة الرحمن، الآيات: 10-13].

---

(1) أبو علي محمد بن علي بن الحسين بن مقلة الشيرازي (886 م- 939 م)، كان من أشهر الخطاطين في العصر العباسي. [المترجم]

«ما من مسلمٍ يغرسُ غرسًا أو يَزْرَعُ زَرْعًا فيأكلُ منه طيرٌ أو إنسانٌ أو بهيمةٌ إلاّ كان له به صدقة». (البُخاري ومُسلِم).

وتُظهر أحاديث نبوية عديدة حب النبي ﷺ للعالم الطبيعي ورعايته له. ولما رأى الرسول ﷺ أن حمارًا قد وسم على وجهه قال:

«أمَا بَلَغَكُمْ أنِّي لَعنْتُ مَن وسَمَ البَهيمةَ في وجْهِها، أوْ ضَرَبَها في وجْهِها؟» (مُسلِم).

عن أبي هريرة عن النبي صلى الله عليه وسلم: «أنَّ رَجُلًا رَأَى كَلْبًا يَأْكُلُ الثَّرَى مِنَ العَطَشِ، فأَخَذَ الرَّجُلُ خُفَّهُ، فَجَعَلَ يَغْرِفُ له به حتَّى أرْوَاهُ، فَشَكَرَ اللَّهُ له، فأدْخَلَهُ الجَنَّةَ.» (البُخاري ومُسلِم).

انتشرت في العالم الإسلامي الأشجار والنباتات والمحاصيل انتشارًا هائلًا. فقد حوّل المزارعون اليمنيون والسوريون الأندلس إلى حديقة غناء، فأدخلوا أنظمة إدارة المياه التي أحيت الأراضي القاحلة. وسُجِّل التطور الذي حدث في الزراعة في عدد من الأعمال العلمية التي عرفت باسم نصوص الفلاحة. نرى في تلك النصوص الزراعة التقليدية تتطور وتدعم المراكز الحضرية الكبيرة بطريقة مستدامة في انسجام مع الطبيعة. وقد أظهر هذا التطور في الزراعة الزيادة في تأسيس المدن التي صاحبت انتشار الإسلام.

لقد ساعد بلاط الحكام التطور في الحِرف والزراعة، وقد تطور بهما هو الآخر. صارت القصور مراكزَ لأرقى الصناعات اليدوية، وضمت أكثر الحدائق المسوَّرة تطورًا وبهاءً. وجمعت تلك الحدائق بين نباتات الزينة والمحاصيل والأشجار. وانتشرت جودة الحِرف والزراعة من البلاط عبر مستويات المجتمع كافةً. وكانت القصور مراكزَ لرعاية الشعراء والموسيقيين الذين ساهموا في تربية الأمراء والارتقاء بحضارة المجتمع. واعتُمد في التربية نوع أدبي قديم يسمى «مرايا الأمراء»، وتَطوَّر بهدف تعليم الحكام كيف يسوسون الناس بحكمة، ما ساعد على تثقيف العديد من السلاطين العظماء الذين قدموا إضافات إلى الحضارة الإسلامية، وحافظوا عليها، وتولوها بالحماية.

نعود من جديد إلى الرحالة ابن بطوطة لينقل إلينا صورة مباشرة عن بيئة المدينة المتناغمة التي تضم تجارًا وفلاحين وحرفيين كما وصفناها. وأقتبس هنا صورةً لدمشق في القرن الرابع عشر:

«دمشق هي التي تفْضُل جميع البلاد حُسنًا وتَتَقَدَّمها جمالًا، وكل وَصْف وإن طال فهو قاصر عن ذكر محاسنها، ولا أبدع مما قاله أبو الحسين بن جبير رحمه الله تعالى في ذِكْرها: وأما دمشق فهي جنة المشرق، ومَطْلع نورها المُشرق، وخاتمة بلاد الإسلام التي استقريناها، وعروس المدن التي اجتليناها، قد تحلَّتْ بأزاهير الرياحين، وتَجَلَّتْ في حلل سندسية من البساتين، وحلَّت موضع الحُسن في المكان المكين، وتزينت في منصتها أَجمل تزيين، وتشرفتْ بأن آوى المسيح عليه السلام وأمه منها إلى ربوة ذات قرار ومعين، ظل ظليل، وماء سلسبيل، تنساب مذانبه انسياب الأراقم بكل سبيل، ورياض يحيي النفوس نسيمها العليل، تتبرج لناظريها بمجتلى صقيل، وتناديهم: هَلُمُّوا إلى معرس للحُسْن ومقِيل، وقد سئمتْ أرضها كثرة الماء، حتى اشتاقت إلى الظماء، فتكاد تناديك بها الصم الصلاب، اركض برجلِك هذا مغتسل بارد وشراب، وقد أحدقت البساتين بها إحداق الهالة بالقمر، والأكمام بالثمر، وامتدت بشرقيِّها غوطتها الخضراء امتداد البصر، وكل موضع لحظت بجهاتها الأربع نضْرتُه اليانعة قيد البصر، ولله صِدْق القائلين عنها: إن كانت الجنة في الأرض فدمشق لا شك فيها، وإن كانت في السماء فهي تساميها وتحاذيها».

الغرب

هيمنت على البيئة المسيحية الكاتدرائيات والأديرة العظيمة، التي تضاءل إلى جوارها العالم المحيط. واستُغل كل فن وحرفة في تشييد تلك بيوت العبادة وتجميلها. وشكلت المنحوتات واللوحات والنوافذ ذات الزجاج الملون التي تصور قصص الكتاب المقدس وحياة القديسين، مع ترديد الجوقة، مكانًا مهيبًا لجماعة المصلين المحتشدين لعبادة خالقهم وتمجيده. كان الحِرفيون والنساء العاملون في صناعات الخشب والمنسوجات والذهب والمعادن الأخرى ينتجون المفروشات والملابس والمنحوتات والمناضد التي تستقر عليها الأناجيل المزينة بزخارف بديعة. ودبت الحياة في قصة المسيح وآلامه عبر المسرحيات التي قُدمت على المسارح المقامة أمام الكنائس، وشاركت فيها فئات المجتمع بأكمله، من الكهنة والنبلاء والفلاحين، ممثلين أو جمهورًا.

وقد نجم عن الإصلاح الديني تقسيم أوروبا، لكن الطائفتين المسيحيتين تبنَّتا النهضة في أوروبا بطرق مختلفة. فبينما استوعب الكاثوليك إلى حد كبير الحركة الجديدة واستخدموا فن عصر النهضة في خدمة الدين، رسم البروتستانت تقسيمًا واضحًا بين الدين والثقافة، وبين المقدس والدنيوي، ولا يتضح ذلك في أي مكان أكثر مما يتضح في إنجلترا؛ إذ دمر الملك هنري الثامن الأديرة في القرن السادس عشر، وهو بذلك لم يهدم ممارسة التأمل التي دامت ألف عام في قلب المسيحية فحسب، بل طمس معالمَ كثيرة من التراث الفني والثقافي المسيحي أيضًا.

حدث تغيير جوهري في مكانة الفنان وطبيعة الفن نفسه في العالمين الكاثوليكي والبروتستانتي مع بزوغ عصر النهضة. حتى ذلك الوقت، كان الفنان ينتمي إلى نقابة تتمتع بمكانة مماثلة لجميع النقابات الحِرفية الأخرى وكان في خدمة الكنيسة. انضم هؤلاء معًا لإنتاج ملاذات دينية ذات جمال سامٍ. كان الفنان هو المسؤول عن إظهار تمجيد الإنسان. وأعيدت تسمية فنان عصر النهضة في ذلك الوقت، وصار يسمى «المبدع» (artificer)، وهو مصطلح باللاتينية استخدم للإشارة إلى الخالق. وتغير معنى مصطلح «نابغة» (genius) أيضًا، ففي روما القديمة كانت كلمة «genius» تعني الروح الحارسة أو الإله الحافظ للإنسان، فصارت تعني جزءًا من روح الشخص ذاته. وقد تحدث فاساري[1]، مؤرخ الفن الشهير في ذلك الوقت، عن مايكل أنجلو بوصفه نابغة.

اعتبر مايكل أنجلو متفوقًا على القدماء، بل متفوقًا على الطبيعة ذاتها. فلوحة «العذراء المنتحبة» (Pieta) مليئة بالشفقة البشرية إلى درجة أنها بدت نابضة بالحياة. لقد وُلد «العمل الفني» مع مبدعه «الفنان البارع»، متميزًا عن الفنان الحِرفي. كان البورتريه يعد أعلى شكل من أشكال الفنون الجميلة؛ إذ تلتقط ريشة الفنان روح الإنسان الفرد. وفضل جامعو الأعمال الفنية جمع الأساطير والقصص الكلاسيكية لليونان وروما القديمة حتى القرن التاسع عشر. ويصور الفنان الفرنسي جاك لوي ديفيد ببراعة في لوحته «موت سقراط» الأنواع المختلفة من المشاعر التي عبر عنها تلاميذ الفيلسوف العظيم وهو يقترب بهدوء من نهايته.

تأسست أكاديميات الفنون الجميلة في فلورنسا (1563)، وباريس (1648)، ولندن (1768)، وفي العديد من المدن الأخرى في جميع أنحاء أوروبا والغرب. وعلى خطى

---

(1) جيورجيو فاساري (1511–1574) معماري، ومهندس، ومؤرخ إيطالي. [المترجم]

الإغريق والرومان، وعلى النقيض جذريًّا مع القواعد المسيحية، فقد قدر ذوو النزعة الإنسية جمال الجسد البشري وكماله وجعلوه فوق كل شيء في الفن، واحتل ما عرف باسم رسم الحياة مكان الصدارة بين المهارات التي يلزم الطلاب الحصول عليها. وأصبح المعرض السنوي أهم مكان لمشاهدة أعمال الفنان.

وفي الهندسة المعمارية، أصبح فيتروفيوس، الكاتب الروماني الذي سجل بدقة مبادئ وأساليب العمارة الرومانية، المرجعية الكبرى للحركة الجديدة التي كانت تُحدث التحولات في المدن ومظاهرها. نمت قرى وبلدات أوروبا المسيحية نموًا عضويًّا، مع شوارع متعرجة ومع تفرُّد كل منزل بتصميمه. على النقيض من ذلك، تم التخطيط للبيئة «المتحضرة» الجديدة من الخارج، بمربعاتها، وأهلَّتها المنظمة، ومنازلها المتشابهة ذات الشرفات، والطرق المشجرة المتوازية. نقل المعماريون تصميم العناصر الزخرفية المختلفة من الكتب النموذجية، ولم يكن هناك مجال كبير لخيال الحِرفي.

بعد أن التقت العمارة بسحر تلك الجماليات الجديدة، اتضح أن العمارة التي تنتمي إلى العالم الذي هجره المسيحيون قبيحة، وسُميت «القوطية»، في إشارة إلى القبائل الجرمانية البربرية المعروفة باسم القوط؛ لذلك، إذا لم يكن من الممكن بناء معمار جديد، فسيتم تشييد واجهة كلاسيكية لتغطية المنظر المزعج. وفي إنجلترا، جاءت الفرصة أمام الحركة الجديدة لتحتل مركز الصدارة بعد حريق لندن (1666) الذي دمر كاتدرائية القديس بولس ومعظم كنائس المدينة. فأعيد بناء الكاتدرائية وجميع الكنائس المتضررة على الطراز الكلاسيكي.

لكن حريقًا آخر قد اندلع في لندن بعد 168 عامًا، ودمر مجلسي البرلمان، فأنذر بعودة العمارة القوطية مع إعادة بناء مقر الحكومة. كان ذلك نتيجة للإحياء الذي شهدته المسيحية في القرن التاسع عشر في إنجلترا؛ وهو ما تطلَّب هندسة معمارية مسيحية. حدث ما سمي «معركة الأنماط الفنية» بين مؤيدي الكلاسيكية والقوطية. وتلاشى العداء بعد فترة، فأتقن المهندسون المعماريون كلا الأسلوبين، واستخدموا الأسلوب القوطي في المباني الكنسية استخدامًا أساسيًّا، والأسلوب الكلاسيكي في المباني الدنيوية. جمع مجلسا البرلمان النمطين معًا، فظهرا في إطار معماري كلاسيكي مع زخرفة قوطية. ووجدت المسيحية والحضارة الكلاسيكية طريقة للتعايش، رغم تناقضاتهما، واستمرا في بناء بيئتهما المختلطة حتى القرن العشرين. أتاح ذلك التأقلم دخول عنصر ثالث يتمثل في العمارة الحديثة.

بحلول بداية القرن العشرين، أحدث التصنيع تحولات في شمال أوروبا، فامتدت الجسور فوق الأنهار العظيمة، وكانت محطات السكك الحديدية أكبر من الكاتدرائيات، والقطارات تسافر تحت العواصم في الأنفاق. تمكن المعماريون من تنفيذ أي فكرة معمارية تقريبًا بفضل المواد الجديدة. وتطورت الحركة الحديثة للمرة الأولى في ألمانيا وفرنسا، وتمكن بعض المهندسين المعماريين أن يروا تناقضًا بين العالم الذي خرج إلى الوجود والهندسة المعمارية التي تنتمي إلى عصر آخر. كانوا متحمسين للإمكانيات التي فتح التصنيع بابًا عليها. لقد رغبوا في أن يكون لديهم صفحة بيضاء لإنشاء عالم جديد متحرر من أعباء الماضي.

كان لإعلان لو كوربوزييه[1] بأن «المنزل هو آلة يعيش فيها الإنسان» صدى لدى جيل جديد من المهندسين المعماريين الذين بدؤوا في التعبير عن العصر الآلي الجديد، الذي من شأنه أن يتعارض تعارضًا تامًّا مع كل ما سبقه. في عالم ما قبل الثورة الصناعية، خلق المهندسون والحرفيون بيئاتهم أينما كانت من المواد المتاحة حولهم. فرضت تلك المواد قيودًا طبيعية، وقد خرج من رحم القيود ومن مهارة الحرفي، الجمال الذي يميز العمارة التقليدية، سواء تجلى في أكثر المباني الحضرية تطورًا أو في أبسط مساكن القرية. لكن ما إن خرق الإنسان تلك القيود، حتى تحطم التوازن بين الحرفي والمواد التي يستخدمها، واندلعت فوضى البيئة الحديثة.

عندما وُلدتُ في عام 1942، كان عدد سكان العالم نحو ملياري نسمة. وعندما بلغتُ السبعين تخطى عدد السكان سبعة مليارات. لقد شيد أكثر من نصف البيئة المبنية في العالم في غضون الأعوام الثلاثين الماضية. ومع هيمنة التصنيع على الزراعة والزيادة السريعة في المصانع، تصاعدت حركة نزوح السكان من الريف إلى الحضر. وفي عام 2010 أصبح أكثر من 50٪ من سكان العالم حضريين، فضلًا عن الآلاف الذين يهاجرون من الريف إلى الحضر يوميًّا. وقد أدى ذلك إلى ظهور مدن ضخمة يصل عدد سكانها إلى عشرين مليون نسمة، وصارت غابات حضرية يخنقها التلوث. ظل عدد السكان مستقرًا استقرارًا ملحوظًا

(1) لو كوربوزييه، معماري ومصمم فرنسي-سويسري. أعلنت لجنة التراث العالمي التابعة لمنظمة اليونسكو في عام 2016 ضم 17 مبنًى من أعماله في 7 دول مختلفة إلى التراث العالمي، من بينها مجمع الكابيتول في شنغهاي (الهند)، والمتحف الوطني للفنون الغربية الجميلة في طوكيو (اليابان)، «لتشهد على اكتشاف لغة جديدة في الفن المعماري، لغة متحرِّرة من أنماط الماضي». [المترجم]

عدة قرون، ولم يلزم الأمر سوى زيادة في معدل المواليد بنسبة 2٪ عن معدل الوفيات ليحدث الانفجار السكاني. يستمر عدد السكان في الزيادة، ومعظم البيئات صارت حديثة الآن لجهة الهيكل والتصميم. لم يتبق سوى جيوب مما كان موجودًا من قبل، وقد دخلت عليها التعديلات غالبًا، لتتلاءم مع طريقة الحياة الحديثة الجديدة. إنه مشهد قاتم خال من الروح ومنزوع الإنسانية، يحيط بمعظم البشر حاليًا.

لكن ماذا عن الفنان المبدع في هذا العالم التجاري الجديد؟ انفتح أمام الفنانين طريقان مختلفان تمام الاختلاف. الأول كان عالم الإعلانات. فقد وظَّف الفنانون مهاراتهم الكبيرة واستخدموها لإظهار عجائب المنتجات الاستهلاكية؛ بهدف إقناع الجمهور بأن العيش من دونها غير ممكن. فصمموا إعلانات ببراعة، وصارت شعارات المنتجات والعلامات التجارية جزءًا مألوفًا من البيئة المحيطة. وصارت السيارة رمزًا للحرية. وبات من الممكن للطائرة أن تنقلك إلى أي مكان لاكتشاف العالم والاستمتاع به، وباستخدام مستحضرات صناعة التجميل المزدهرة يمكن للإنسان أن يحتفظ بشبابه وجماله.

أما المسار الآخر للفنان المبدع فاستمر بفكرة عمل الفن الإبداعي الذي ظهر في عصر النهضة. وبحلول منتصف القرن التاسع عشر، بدأ الفنانون في التمرد ضد مؤسستهم. كانت أكاديمية الفنون الجميلة في باريس مؤيدة لمبادئ وأساليب الفنون الجميلة الكلاسيكية. تم الحفاظ على معاييرها بدقة في معرضها السنوي، في صالون باريس. لكنَّ المتمردين سئموا التصنع والتكرار اللانهائي للموضوعات نفسها. لقد نظروا إلى المنظور الكلاسيكي والتقنيات التقليدية الأخرى بوصفها أدواتٍ تكتِّف أيديهم وتخنق إبداعهم. فقد أرادوا رسم العالم من حولهم كما يرونه، والتعبير عن مشاعرهم وعواطفهم في اللوحات، وأن يكونوا متحررين في تطوير أساليبهم الخاصة. لقد اتجهوا إلى روح العصر الحديث، وكانوا مدفوعين بالرغبة في خلق شيء جديد، ليشتهروا بأصالتهم.

لكن لم يثُر هؤلاء الفنانون ضد المؤسسة الفنية فحسب، بل أداروا ظهرهم لأخلاق المجتمع البرجوازي وأسلوب حياته، ورغبوا في العيش وَفْقًا لقواعدهم الخاصة. نبذتهم الأكاديمية فلجؤوا إلى العيش في أفقر الأحياء في باريس، حيث يعيش فنانو مسارح المنوعات، وأهل السيرك، والبغايا وغيرهم من الفئات المنبوذة. كان هؤلاء الفنانون مستعدين للمعاناة والجوع سعيًا وراء فنهم، وقد عانى كثيرون منهم معاناة رهيبة. فابتكر المجتمع الغاضب اسمًا جديدًا لهم، أطلق عليهم اسم «البوهيميين»، وهو الاسم المسيء المستخدم للغجر.

لقد شبهتُ الفنان الحديث بعصفور الكناري في منجم. فقد اعتاد عمال المناجم اصطحاب الكناري إلى المنجم، وكان أحدهم مسؤولًا عن مراقبة العصفور. فإذا سقط الطائر من على مجثمه، فيكون ذلك ناقوس خطر، فيلوذ عمال المناجم بالفرار بعد ذلك، وسقوطه يعني أنه استنشق غازًا مميتًا. يضحي عمال المناجم بالعصفور للتحذير من الخطر. وكذلك الفنان الحديث مثل الكناري شديد الحساسية وعلامة إنذار.

مع نهاية القرن التاسع عشر وبداية القرن العشرين المنكوب بالحروب، ظهر عملاق على مسرح الفن. إنه بيكاسو الذي عانى وعبَّر عن قسوة هذا القرن الجديد وفوضويته وتفككه مع مرور السنين. وقد أحدث تحطيمه للصورة التقليدية في لوحته الشهيرة «بائعات الهوى في أفينيون»[1] صدمة في عالم الفن، إلى درجة أن زملاءه المعاصرين كانوا غاضبين في ذلك الوقت، لاعتقادهم أنه كان يسخر من الحركة الجديدة. ومع ذلك، فقد كان بيكاسو الرائد، ونالت اللوحة الإشادة بوصفها درة الأعمال الفنية. وعندما قصفت طائرات هتلر غرنيكا في أثناء الحرب الأهلية الإسبانية في أول هجوم خاطف من هذا القبيل على مركز حضري، حزن بيكاسو حزنًا شديدًا ورسم لوحة تعبر عن الرعب الكامل والوحشية الهمجية للقصف. ومع ذلك، من خلال علاقته بالأنثى تحققت براعة بيكاسو بوصفه فنانًا مهووسًا بذاته من جهة، وقسوته بوصفه رجلًا. لقد تدرب بيكاسو تدريبًا كلاسيكيًّا، وكان بإمكانه أن ينكب على أي عمل فني. ومع بَدْء كل علاقة من علاقاته النسائية، كان بيكاسو يستهل فترة جديدة من الإبداع. وبادئ ذي بَدْء، فقد كان كل نوع من النوعين مصدرَ إلهام له، ولكن ما إن تتلاشى الهالة التي تحيط بالمرأة، كان يستبدلها كي يحافظ على شعلة الإبداع مشتعلة. وترك في أعقابه معاناة كبيرة ومآسي في حياة نسائه وأطفاله. ولد بيكاسو كاثوليكيًّا لكنه فقد إيمانه بالله وأصبح ماركسيًّا. لكنه كان مهووسًا بالموت طَوَالَ حياته، ومع اقتراب نهايته كان الرعب يحيط به وهو ما التقطه ببراعة في آلاف الصور الذاتية الأخيرة التي رسمها.

ذكر فرانسِيس بيكون[2] أن بيكاسو كان سبب امتهانه للرسم. عندما كان بيكون شابًا، رفض الجيش انضمامه له في بداية الحرب العالمية الثانية لأسباب صحية، فتطوع في الفريق الذي ذهب إلى المناطق التي تعرضت للقصف والغارات الجوية في لندن لاستعادة جثث

---

(1) لوحة Les Demoiselles d'Avignon، رسمها الفنان الإسباني بيكاسو في عام 1907. [المترجم]

(2) فرانسِيس بيكون (1909–1992)، رسام بريطاني، وُلد في إيرلندا. [المترجم]

القتلى والمحتضرين. أُصيبت روح الفنان الحساس بصدمة نفسية، فعاش في مناخ تسوده الكحوليات، والسادية، والمازوخية. ومن رحم تلك الخبرات لرجل فاسد ومعذَّب جاءت الصور الذائبة، والمنحلة، والمشوهة، والبشعة لفنه.

أما جاكسون بولوك فكان شخصًا حساسًا ومضطربًا للغاية. توغل بولوك في غياهب فوضى العالم الكامنة وراء الصورة اللامعة للحلم الأمريكي، وعبَّر عن الفوضى من خلال فنه. فالفوضى المتراكمة التي كانت تمر عبر روحه حولت حياته إلى فوضى. في سن الرابعة والأربعين، قاد سيارته بسرعة مائة ميل في الساعة، واصطدم بشجرة فلقي حتفه.

وأما إدواردو باولوتسي[1] فيُظهر كيف نتحول نحن البشر إلى روبوتات، بينما تمثل ترايسي إمِن[2] جيل «تويتر» والفكرة الفرويدية القائلة بأن أي شيء في أعماقنا يستحق مشاركته مع الآخرين.

ينحدر دامين هيرست[3] من عائلة كاثوليكية من الطبقة العاملة. انفصل والداه وهو طفل. فقد هيرست إيمانه وصار ملحدًا. يقدم هيرست في أعماله الفنية رسالة يمكن وصفها بأنها «الموت بلا خلاص»، وهي نظرة الملحد إلى الموت. في أحد أعماله، يوضح لنا دورة حياة الذبابة؛ إذ تفقس اليرقات على رأس البقرة النافقة، وبعد حياة قصيرة تعيشها تحرق بواسطة صاعق كهربائي معلق فوق رأس البقرة.

أرَّخ هؤلاء الفنانون لأهوال القرن العشرين مع تتابع الأحداث. ومثلت أعمالهم ناقوس تحذير للمجتمع. لكن بدلًا من الانتباه إلى التحذيرات حوَّل المجتمع أعمالهم إلى قيمة يُحتفى بها، فمجدها بوصفها أعمالًا فنية عظيمة، ورفعها إلى مرتبة الأيقونات. لقد مجَّد الفنانون المسيحيون الله من خلال عملهم. واحتفى الفنانون الكلاسيكيون بالرجال العظماء وبالأساطير الملهمة. أما في عالم التاجر فقد أصبح العمل الفني بحد ذاته شيئًا ذا قيمة مادية. فقد بيعت لوحة ثلاثية لفرانسِيس بيكون في مزاد بمبلغ 130 مليون دولار، وبيعت إحدى لوحات جاكسون بولوك مقابل 170 مليون دولار. وبيع استوديو أعمال جديدة للفنان داميان

(1) إدواردو باولوتسي (1924–2005) فنان اسكتلندي من رواد حركة «فن البوب» (Pop art) التي ظهرت في خمسينيات القرن العشرين. [المترجم]

(2) ترايسي إمِن، فنانة بريطانية مشهورة بأعمال فنية تتمحور حول سيرتها الذاتية وحياتها الخاصة. [المترجم]

(3) دامين هيرست، فنان بريطاني اشتهر بأعماله الفنية غير المألوفة، ومنها حفظ جيف حيوانات في صندوق زجاجي كبير مملوء بالماء. [المترجم]

هيرست في مزاد بأكثر من 100 مليون دولار، أما لوحة غرنيكا لبيكاسو فلا تقدر بمال.

لم يعرف عصفور الكناري في المناجم سبب نفوقه. وربما لا يدرك الفنانون المعاصرون، الذين تجردت أرواحهم من التقاليد وتشوهت، أن ما يحملونه هو صورة بشعة لعالَم قاسٍ، فاسد، فوضوي، آليٍّ، ضحل، فارغ؛ لأنهم مغرمون بإبداعاتهم ويصدقونها ويعدونها أعمالًا فنية عظيمة. لقد ثار الفنان الحديث على التقليد الكلاسيكي للفن، ولكنه لم يثُر ضد فكرة الفنان المبدع والخلاَّق. فتشكلت حولهم هالة مقدسة.

بلغ داميان هيرست في عام 2012 ذروة مسيرته الفنية حين عرض أعماله في متحف تيت مودرن (Tate Modern) في لندن. وضم المعرض العديد من التنويعات حول الموضوع الذي أسميته «الموت دون خلاص»: فراشات ميتة مرتبة بنمط معين، وأعقاب سجائر، وأسماك ميتة، وأقراص طبية على رفوف زجاجية، وأدوات جراحية إلى جوار هيكل عظمي كامل. كانت القطعة الفنية المركزية في هذا العرض جمجمة بشرية مغطاة بألماس قيمته 50 مليون جنيه إسترليني، موضوعة في وعاء خاص. اصطف الزوار نحو ثلاث ساعات لمشاهدة هذه القطعة لبضع دقائق. كانت رسالة المعرض عن المال والموت. الفنان المعاصر يعكس صورة جوهر الحداثة ويكشف النقابَ عن سخافتها؛ إذ لا بد أن تبتكر شيئًا جديدًا وأن تكون قادرًا على بيعه. إنه الابتكار وريادة الأعمال، وقد أثبت داميان هيرست نجاحًا كبيرًا في هذا المضمار.

تُقام معارض الفن الحديث الآن داخل مبانٍ صُممت لتكون في حالة دائمة من انعدام التوازن؛ ما يعكس صورة محتوياتها، وهذه المعارض والمتاحف تظهر في جميع أنحاء العالم. وإلى هنا أصلُ إلى ما أعتقد أنه الجانب الأشد إثارة للقلق بما يخص الفن الحديث. لقد ثار الفنان الحديث على النظام القائم، وأصبح لا منتميًا. أما الآن فالفنان الحديث يحتل صميم المؤسسة. والاستجابة الغريزية لدى عامة الناس تشدهم نحو الابتعاد عن أعمالهم الفنية، ولكن المقاومة تتلاشى؛ لأن المؤسسة تكرم هؤلاء الفنانين وتحتفي بأعمالهم. وينتشر تأثير الفن الحديث في جميع أنحاء العالم حاليًا، ويؤدي دورًا رئيسيًّا في إدامة «الصنمية الحديثة». فهو يبرمجنا كي نتمكن من العيش في حالة من الفوضى، ونحب القبح، ونستمتع باختلال التوازن. هذا الفن تطبيع لغير السوي.

إحدى العمليات التي نشأ بواسطتها هذا العالم المنحرف هي الصدمة الناجمة عن إقحام شيء فظيع وبشع في التيار السائد. لقد كرس مكيافيلي في كتابه «الأمير» فكرة أن الغاية تبرر

الوسيلة، وأن «السياسة لا علاقة لها بالأخلاق». ويشجع برنارد دي ماندفيل (المتوفى في عام 1733) في كتابه «أمثولة النحل» الرذيلة على الفضيلة:

دع التشكي إذًا فالحمقى وحدهم يسعون

إلى خلق خلية نحل عظيمة وصادقة.

وكي تستمتع بوسائل الراحة في العالم،

كن مشهورًا في الحرب، لكن عِش في راحة ودعة.

فمن دون الرذائل العظيمة ليس في الدماغ

سوى يوتوبيا عبثية.

لقد كانت لوحة بيكاسو المشار إليها آنفًا «بائعات الهوى في أفينيون»، وكتاب «الخصي الأنثوي» عملين صادمين وغير مقبولين عندما ظهرا للمرة الأولى، ولكنهما حظيا بالتطبيع لاحقًا واحتُفي بهما.

والآن، تتدفق الأزمات المتصاعدة والمتضاعفة إلى القفص المذهَّب الذي صنعناه بأيدينا، بينما نشاهد بلا حول ولا قوة فصول المأساة الإنسانية تتكشَّف واحدًا تلو الآخر، والأرض وجميع الكائنات الحية عليها يئنون تحت وطأة ثقلنا.

الفصل السادس
الغزو والتوسع

الإسلام

لطالما أذهلت سرعة الفتح التي أرست أسس الحضارة الإسلامية المؤرخين؛ إذ في غضون جيل واحد بعد وفاة الرسول ﷺ، امتدت الإمبراطورية الأموية من إسبانيا إلى حدود الهند والصين. وشملت تلك الأراضي العديد من الثقافات والحضارات المختلفة ذات التقاليد الراسخة، والتاريخ المسجل منذ فترة طويلة، والمعتقدات المتجذرة. لكنَّ الفاتحين لم يفرضوا الإسلام على أتباع الديانات الأخرى، كما تشير الآية القرآنية التي تحرم التحويل القسري إلى الإسلام:

﴿لَآ إِكۡرَاهَ فِي ٱلدِّينِۖ قَد تَّبَيَّنَ ٱلرُّشۡدُ مِنَ ٱلۡغَيِّۚ فَمَن يَكۡفُرۡ بِٱلطَّٰغُوتِ وَيُؤۡمِنۢ بِٱللَّهِ فَقَدِ ٱسۡتَمۡسَكَ بِٱلۡعُرۡوَةِ ٱلۡوُثۡقَىٰ لَا ٱنفِصَامَ لَهَاۗ وَٱللَّهُ سَمِيعٌ عَلِيمٌ﴾ [سورة البقرة، الآية: 256].

يرتبط تحريم الإكراه بالطريقة التي يؤكد بها القرآن الكريم بضرورة استمرار مخاطبة المسلم لذكاء الناس، وهو يستميل أفئدتهم إلى الإسلام:

﴿ٱدۡعُ إِلَىٰ سَبِيلِ رَبِّكَ بِٱلۡحِكۡمَةِ وَٱلۡمَوۡعِظَةِ ٱلۡحَسَنَةِۖ وَجَٰدِلۡهُم بِٱلَّتِي هِيَ أَحۡسَنُۚ إِنَّ رَبَّكَ هُوَ أَعۡلَمُ بِمَن ضَلَّ عَن سَبِيلِهِۦ وَهُوَ أَعۡلَمُ بِٱلۡمُهۡتَدِينَ﴾ [سورة النحل، الآية: 125].

إضافة إلى ذلك، يعلِّمنا القرآن الكريم أن كل العوالم التي سبقت الإسلام، قد استقبلت رسالة السماء:

﴿وَأَنزَلۡنَآ إِلَيۡكَ ٱلۡكِتَٰبَ بِٱلۡحَقِّ مُصَدِّقٗا لِّمَا بَيۡنَ يَدَيۡهِ مِنَ ٱلۡكِتَٰبِ وَمُهَيۡمِنًا عَلَيۡهِۖ فَٱحۡكُم بَيۡنَهُم بِمَآ أَنزَلَ ٱللَّهُۖ وَلَا تَتَّبِعۡ أَهۡوَآءَهُمۡ عَمَّا جَآءَكَ مِنَ ٱلۡحَقِّۚ لِكُلّٖ جَعَلۡنَا مِنكُمۡ شِرۡعَةٗ وَمِنۡهَاجٗاۚ وَلَوۡ شَآءَ ٱللَّهُ لَجَعَلَكُمۡ أُمَّةٗ وَٰحِدَةٗ وَلَٰكِن

لِّيَبۡلُوَكُمۡ فِي مَآ ءَاتَىٰكُمۡۖ فَٱسۡتَبِقُواْ ٱلۡخَيۡرَٰتِۚ إِلَى ٱللَّهِ مَرۡجِعُكُمۡ جَمِيعٗا فَيُنَبِّئُكُم بِمَا كُنتُمۡ فِيهِ تَخۡتَلِفُونَ﴾ [سورة المائدة، الآية: 48].

لقد دحضت الأدلة الفكرة الغربية القائلة بأن الإسلام انتشر بحد السيف، وهي مثال على تعمُّد فرض ما حدث بالفعل في المسيحية على الإسلام. لقد انتشر الإسلام بطرق مختلفة، لكنه نادرًا ما انتشر كرهًا. انجذب الناس إلى بساطة أسلوب الحياة، ونماذج المسلمين الأتقياء. وكان نجاح الإسلام كإمبراطورية جذابًا لمن لديهم طموح، وكان العيش على مقربة من المسلمين يعني انعقاد الصداقات والزيجات. واعتنق الإسلامَ أفرادٌ من المجتمعات المختلفة على مدى عدة قرون. ويجدر بنا أن نأخذ في الاعتبار أن المسلمين كانوا لفترة طويلة حكامًا أقلية، فكان لمعاملة البلدان التي فتحها المسلمون وتدين بديانات أخرى مبادئ توجيهية واضحة، باعتبار هؤلاء أهل ذمة. لم يُطالب غير المسلمين بدفع الزكاة ولكن كان عليهم دفع الجزية؛ وَفقًا لإمكانياتهم. أما النساء والأطفال والمرضى وكبار السن منهم، وكذلك الرهبان والعبيد والفقراء فجميعهم كانوا معفيين منها، وكذلك من انضم منهم إلى الجيش. تمتع غير المسلمين بالحماية، وحرية العبادة، واستقلال الولاية القضائية على شؤونهم الخاصة، في مقابل الجزية.

صاحبَ اعتقاد المسلمين بأن القرآن الكريم هو آخر وأكمل وحي من الله تنزَّل على البشرية جمعاء، وبأن نبي الإسلام هو النبي الخاتم، إدراك واضح بأن جميع العوالم التي تفاعل المسلمون معها أصل إلهي، وأنها حتى في وضعها الحالي ما تزال تحتوي على حكمة ومعرفة قيِّمة. وهكذا يمكن أن تستمر الحضارات القديمة في الوجود، ويحافظ عليها بالكامل، وتعيش جنبًا إلى جنب مع الحضارة الجديدة وتشارك فيها.

وتعد القاعدة الفقهية «العادةُ محكَّمة» واحدة من أهم المبادئ في انتشار الإسلام في ربوع الأرض. وقد أتاح هذا المبدأ استيعاب الشريعة الإسلامية الحكمة والتفضيلات الجمالية والعادات اليومية، التي لم تتعارض مع الوحي في الأقاليم التي دخلها الإسلام.

«الْكَلِمَةُ الْحِكْمَةُ ضَالَّةُ الْمُؤْمِنِ فَحَيْثُ وَجَدَهَا فَهُوَ أَحَقُّ بِهَا». (رواه الترمذي).

وأفرزت تلك القاعدةُ بيئةً مادية لها جذورها في المنطقة المحلية، تتكامل تمام التكامل مع دار الإسلام وتنتمي إليها. وكان هذا الاندماج زواجَ وحدةٍ وتنوعٍ، ودليلًا على عالمية الإسلام.

تجلت هذه العالمية أيضًا في علاقة المساواة بين مختلف الشعوب والأجناس، وظهرت بوضوح في خطبة الوداع:

«أَلَا لَا فَضْلَ لِعَرَبِيٍّ عَلَى أَعْجَمِيٍّ وَلَا لِعَجَمِيٍّ عَلَى عَرَبِيٍّ وَلَا لِأَحْمَرَ عَلَى أَسْوَدَ وَلَا أَسْوَدَ عَلَى أَحْمَرَ إِلَّا بِالتَّقْوَى». (رواه الإمام أحمد).

وتعدُّ الحرب ظاهرة حتمية في المجتمع البشري، وكان تحديد الشروط التي تبرر شن الحرب والعمليات العسكرية المقبولة في الإسلام أحد الشواغل الكبرى لعلماء المسلمين والفقهاء. تتناول بعض الآيات في القرآن الكريم هذه المسألة:

﴿ٱلَّذِينَ أُخْرِجُواْ مِن دِيَٰرِهِم بِغَيْرِ حَقٍّ إِلَّآ أَن يَقُولُواْ رَبُّنَا ٱللَّهُۗ وَلَوْلَا دَفْعُ ٱللَّهِ ٱلنَّاسَ بَعْضَهُم بِبَعْضٍ لَّهُدِّمَتْ صَوَٰمِعُ وَبِيَعٌ وَصَلَوَٰتٌ وَمَسَٰجِدُ يُذْكَرُ فِيهَا ٱسْمُ ٱللَّهِ كَثِيرًاۗ وَلَيَنصُرَنَّ ٱللَّهُ مَن يَنصُرُهُۥٓۚ إِنَّ ٱللَّهَ لَقَوِيٌّ عَزِيزٌ﴾ [سورة الحج، الآية: 40].

﴿وَقَٰتِلُواْ فِي سَبِيلِ ٱللَّهِ ٱلَّذِينَ يُقَٰتِلُونَكُمْ وَلَا تَعْتَدُوٓاْۚ إِنَّ ٱللَّهَ لَا يُحِبُّ ٱلْمُعْتَدِينَ﴾ [سورة البقرة، الآية: 190].

وتقدم أحاديث نبوية كثيرة إرشادات بخصوص أخلاقيات الحرب:

«إِنَّهُ لا يِنْبَغِي أَنْ يُعَذِّب بالنَّارِ إِلَّا ربُّ النَّارِ». (رواه أبو داود).

وقد أكد الخليفة أبو بكر الصديق في قول شهير لقواته قبل دخولهم إحدى المعارك:

«لا تخونوا، ولا تغلوا، ولا تغدروا، ولا تمثلوا، ولا تقتلوا طفلًا صغيرًا أو شيخًا كبيرًا ولا امرأة، ولا تعقروا نخلًا ولا تحرقوه، ولا تقطعوا شجرة مثمرة، ولا تذبحوا شاة ولا بقرة، ولا بعيرًا إلا لمأكلة، وسوف تمرون بأقوام قد فرغوا أنفسهم في الصوامع فدعوهم وما فرغوا أنفسهم له...». (رواه الطبري).

اتضحت العناية بحماية الأديرة، حين جعل السلطان محمد الفاتح قواته تؤمن المنطقة المحيطة بجبل آثوس حيث انتصبت أديرة كثيرة. ثم قدمت زوجة السلطان للرهبان أيقونة من سوريا. على النقيض من ذلك، عندما تحول مسار الحملة الصليبية الرابعة إلى بيزنطة، نهب الجنود الكاثوليك الأديرة.

تناولت الشريعة الإسلامية كل ما يتعلق بالحرب وتوقُّف الأعمال العدائيَّة. فقد كتب علماء وفقهاء من القرن التاسع وما بعده أعمالًا عديدة تغطي كل مجال من مجالات فقه القتال في الإسلام، بما في ذلك: قانون المعاهدات، ومعاملة الدبلوماسيين والرهائن واللاجئين وأسرى الحرب، وحق اللجوء، وسير العمليات العدائيَّة في ساحة المعركة، وحماية النساء والأطفال والمدنيين غير المقاتلين، والاتفاقات على جبهات القتال، وحظر استخدام أسلحة معينة، والقواعد المتعلقة بإلحاق الضرر بالبيئة[1].

صقل المحاربون المسلمون مهارات الحرب وقواعد الفروسية. وحظي العديد من المحاربين العظماء منهم، مثل صلاح الدين الأيوبي، بأسمى آيات التبجيل لشجاعتهم، واحتُفي بهم في الأدب. وأظهر المؤلف الإسباني فيثينتي بلاسكو إيبانييث ذلك بقوله:

«لم تكن أوروبا تعرف الفروسية، ولا أدبها الذي استوردته، ولا مفهومها عن الشرف، قبل وصول العرب إلى الأندلس والانتشار الواسع النطاق للفرسان والأبطال العرب في جنوب القارة».

امتحن الزمن قوة الحضارة الإسلامية عندما غزا البدو الأتراك والمغول قلب ديار الإسلام، ودمروا بغداد، مقر الخلافة في عام 1258 م. أدت تلك الكارثة إلى شتات العلماء والحرفيين، فتسارعت وتيرة انتشار الإسلام إلى أبعد حدوده. وبلغ انتشار الإسلام ذروته مع اعتناق الأتراك والمغول الإسلام، ومن نسلهم خرجت السلالات الحاكمة في القرون التالية. عاد العالم الإفرو-آسيوي إلى هيكل الإمبراطورية الرومانية الشرقية وبلاد فارس والهند والصين، حيث سيطر الإسلام على العوالم الثلاثة الأولى وترك أثرًا عميقًا على الحضارة الصينية.

---

(1) بعض الباحثين اجتهدوا في شرح العلاقة بين تشريعات الحرب في الإسلام والقانون الدولي الإنساني. انظر: حماية المدنيين في قلب قانون الحرب في الإسلام.
https://blogs.icrc.org/alinsani/2018/06/12/1745/
والتعليق على اتفاقية جنيف الثالثة: معاملة أسرى الحرب من منظور إسلامي.
https://blogs.icrc.org/alinsani/2021/06/13/4461/
والإسلام والقانون الدولي الإنساني: حول بعض مبادئ سير العمليات الحربية.
https://www.icrc.org/ar/doc/resources/documents/article/other/5zyg8q-islam-ihl.htm. [المترجم]

يوضح كيرتي نارايان شودوري[1] في عمله الأصيل «التجارة والحضارة في المحيط الهندي: تاريخ اقتصادي من ظهور الإسلام حتى عام 1750م» كيف أدى المسلمون دورًا رئيسيًّا في الحفاظ على الطبيعة التعاونيَّة والسلميَّة للتجارة، وتطوير التبادل التجاري الذي كان معتادًا بين ثقافات وحضارات آسيا المختلفة. وكيف تسبب دخول البرتغاليين؛ ومن ثم الدول الأوروبية الأخرى، في اضطراب هائل، وحوَّل التجارة إلى ساحة منافسة وحرب دائمة.

لقد ألقت الفتوحات الأوروبية غطاءً على العالم الاستثنائي الذي سبقها. وقدمت الحضارة الإسلامية على مدى السنوات الألف الماضية هيكلًا موحدًا مكّن الحضارات عبر العالم الإفرو-أوراسي أن تتعاون وتتشارك فيه. شجع المجتمع الإسلامي السفر، وكان ديناميًّا أكثر بكثير مما كان عليه السفر والحركة في العوالم السابقة. وسافر الحجاج إلى مكة، وانخرط التجار في التجارة عبر مسافات طويلة، وسعى العلماء الباحثون عن المعرفة والحِرَفِيُّون الباحثون عن عمل، عبر طرق العالم الإفرو-أوراسي، من المحيط الأطلسي إلى المحيط الهادي، وكانوا يتوقعون حسن الضيافة أينما وجدوا أنفسهم ويرحبون بذلك. وانخرطت شبكات الحج والتجارة والمعرفة والحرف في مختلف الثقافات والحضارات وارتبطت بها، سواء داخل دار الإسلام أو خارجها، متجاوزةً الإمبراطوريات والدول، فأنتجت عالمًا تتدفق فيه التجارة والأفكار والتقنيات تدفقًا حرًّا.

في قصص «ألف ليلة وليلة»، قد ينتقل المستمع بسلاسة من بغداد إلى الصين. وكان هذا الانتقال في القصص صورةً عما يحدث في الواقع؛ ففي النصف الأول من القرن الخامس عشر، أرسل إمبراطور سلالة مينغ سفنًا عديدة من أسطوله العظيم إلى المحيط الهندي بهدف التجارة، وتأكيد مركزية الصين وسلطتها على العالم. قاد الأسطول الأميرال الصيني المسلم تشنغ خه، وحمل تجارًا وكتبة مسلمين صينيين يسجلون الرحلات إلى مكة. لكن لم تُحتل أي أرض، ولم تتعطل طرق التجارة، وعادت سفن الأسطول بسلام إلى الصين، ما عزز سمعة «الإمبراطورية السماوية».

كانت العلاقة بين الإسلام والصين علاقة دينامية ومتعددة الأوجه. أحضر المغول المهندسين المعماريين الفرس لبناء بكين، وجاؤوا بالفنانين الصينيين إلى بلاطهم في بلاد

---

(1) كيرتي نارايان شودوري، مؤرخ هندي، والكتاب المشار إليه بعنوان:
Trade and Civilisation in the Indian Ocean – an Economic History from the Rise of Islam [المترجم].

فارس. تأثرت الفنون الزخرفية في الصين تأثرًا شديدًا بالحِرفية الإسلامية، على نحو ما لاحظ أوين جونز في عمله الرائد «قواعد الزخرفة الصينية»، الذي نشر في عام 1867:

«لقد بدأنا نعتقد أن هذا الفن لا بد أن يكون له أصل أجنبي بطريقة ما؛ كونه يشبه إلى حد بعيد في جميع مبادئه فن الشعوب المحمدية، إلى درجة أننا نفترض أنه مشتق منه. لن يكون من الصعب أخذ زخرفة من ذلك الفن، وعن طريق تغيير الألوان وتصحيح الرسم، يتم تحويله إلى تركيبة هندية أو فارسية ببساطة».

بعد أن اكتسب المسلمون المعرفة والمهارات من العوالم القديمة في بناء حضارتهم، تمكنوا في المقابل من إثراء جميع العوالم بإبداعات جديدة، سواء داخل دار الإسلام أو البلدان المجاورة لها. وشاركت المجتمعات المسيحية واليهودية في الثقافة، مثلما فعل الهندوس والبوذيون في الهند، وكانت العربية والفارسية والتركية والأردية هي لغات الخطاب الحضاري. وكانت جاذبية الثقافة في الأندلس عظيمة إلى درجة أنها استحثت أحد الأساقفة المسيحيين كي يرثيها فقال:

«إخواني المسيحيون معجبون بقصص الشعر والفروسية العربية، وهم يدرسون الكتب التي دوَّنها فلاسفة وعلماء المسلمين. وهم لا يفعلون ذلك رغبةً في دحض معتقداتهم، بل لتعلم الأسلوب العربي الفصيح. وباستثناء رجال الدين، أين هم الذين يقرؤون الشروحات الدينية للعهدين القديم والجديد اليوم؟ للأسف، لا يعرف الجيل الجديد من المسيحيين الأذكياء أي أدب ولغة جيدًا، باستثناء الأدب العربي واللغة العربية. إنهم يقرؤون كتب العرب بنهم شديد، ويجمعون مكتبات ضخمة منها بمبالغَ كبيرة».

كان للصوفية تأثير عميق على جميع العوالم الدينية التي أثراها ارتباطها بالحضارة الإسلامية من نواحٍ عديدة. وكان العالم المسيحي الغربي أحد أكبر المستفيدين بالفعل؛ إذ أُثري فكريًّا وماديًّا على نحو ما أشرنا سابقًا.

كانت الطريقة التي عومل بها اليهود من المسلمين مختلفةً تمام الاختلاف عن معاملة المسيحيين لهم، وقد تجلى ذلك بوضوح إبان الأحداث الجسام التي وقعت في النصف الثاني من القرن الخامس عشر. أرسل إسحاق سافارتي، الحاخام الأكبر لمدينة أدرنة التركية، رسالة إلى

الجاليات اليهودية في أوروبا بعد وقت قصير من سقوط الإمبراطورية البيزنطية في عام 1453، يدعو فيها المتدينين إلى الفرار من الآلام التي كانوا يعانون منها في العالم المسيحي، والسعي إلى ملجأ آمن ومزدهر في تركيا. في عام 1492 طردت الملكة إيزابيلا والملك فرديناند اليهود من إسبانيا، فكان ذلك الطرد إلى جانب محاكم التفتيش الإسبانية التي تلت ذلك أحد أكثر الأحداث الصادمة في التاريخ اليهودي قبل المحرقة النازية. وفي العام نفسه، أصدر السلطان بايزيد الثاني مرسومًا يأمر بالسماح بدخول اليهود السفارديم إلى أراضي الإمبراطورية العثمانية. جاء نحو 250 ألف يهودي ليستقروا في الأراضي العثمانية، وكان معظمهم يتجه نحو إسطنبول وسالونيك، اللتين استوعبتا ما مجموعه 100 ألف يهودي. ظلت سالونيك مركزًا مزدهرًا للثقافة اليهودية عدة قرون حتى الحرب العالمية الثانية عندما دمرت إبان المحرقة النازية.

يمكن الاطلاع على نظرة ثاقبة للعلاقة التاريخية الغنية بين المسلمين واليهود في مجموعة جنيزة القاهرية التي تضم نحو 200 ألف نص محفوظ في مكتبة جامعة كمبريدج. يعود تاريخ المجموعة إلى آلاف السنين، وتغطي العديد من جوانب حياة الجالية اليهودية، وتكشف عن تعاون المسلمين واليهود في مشاريع تجارية ممتدة. يسجل أحد النصوص الخلاف الذي قسم اليهود في القاهرة عندما كان ابن الفيلسوف العظيم موسى بن ميمون على رأس جماعتهم. وقد سوَّى النزاع مفتي القاهرة الذي دعي إلى التحكيم بين الجانبين. ازدهرت الثقافة اليهودية في معظم تاريخها في ظل الإسلام. وشارك اليهود مشاركة كاملة في التجارة والحرف، وكان منهم أطباء مشهورون واضطلعوا بدور بارز في الإدارة وكان منهم العديد من الوزراء، وهو أعلى منصب في عهد السلطان. وامتزجت المجتمعات اليهودية في نسيج العالم الإسلامي؛ واليوم، من الصعب تقدير مستوى الانسجام الذي جمع المسلمين واليهود في الغالب عندما هيمن الإسلام على العالم الإفرو-آسيوي.

ونرى القدر نفسه من عدم الإحاطة بما يتعلق بالإسلام في إفريقيا جنوب الصحراء الكبرى، والتحول المذهل الذي حدث هناك. فقد انتقل الإسلام إلى تلك المنطقة البعيدة بفضل التجار الذين اجتذبهم الذهب في أكبر مناطق ترسبه المعروفة في ذلك الوقت. لقد وضع مانسا موسى، سلطان مالي، الذي حج إلى مكة عام 1325م، ذلك الجزء من إفريقيا على الخريطة، فتحول الرجل إلى أسطورة. لقد صور مانسا موسى في أطلس كتالوني عام 1375م جالسًا على عرشه حاملًا عملة ذهبية. ويضع المؤرخ المالي من القرن السادس عشر محمود كاتي رحلة حج مانسا موسى في السياق، في كتابه «تاريخ الباحثين»:

«من أقاصي البحر الأبيض المتوسط إلى نهر السند، اقترب المؤمنون من مكة. جميعهم على قلب رجل واحد وهدفهم العبادة معًا في أقدس بقعة في أرض الإسلام، الكعبة المشرفة في مكة المكرمة. أحد هؤلاء المسافرين كان مانسا موسى، سلطان مالي في غرب إفريقيا. أعد مانسا موسى نفسه بعناية للرحلة الطويلة التي سيقطعها مع مرافقيه. كان عازمًا على السفر ليس من أجل غاية دينية شخصية وحسب، بل لحشد معلمين وقادة يتيحون لمملكته أن تتعلم المزيد من تعاليم النبي ﷺ».

ركزت الأخبار الغربية على ثروته الرائعة، فوصفت كيف كانت قافلته المكونة من ستين ألف رجل كـأنها مدينة متحركة، وكان سكانها وعبيدها يرتدون الديباج الذهبي، وأرقى أنواع الحرير الفارسي. وكان قوام القافلة مائة جمل، وعلى ظهر كل جمل مئات الجنيهات من الذهب الخالص.

لكن ما جلبه معه كان له أهمية باقية. فقد جمع موسى علماء وحرفيين، منهم الشاعر الأندلسي والمهندس المعماري أبو إسحاق الساحلي، الذي بنى التحفة المعمارية الشهيرة مسجد جينغربر في تمبكتو. وتحولت تمبكتو إلى مركز كبير للتعليم، وقد اجتذبت جامعة سنكوري العلماء والطلاب من جميع أنحاء العالم الإسلامي. أصبحت جامعة سنكوري أشهر جامعات تمبكتو، وتعود جذورها إلى مسجد سنكوري الذي تأسس عام 980 م، واشتهر باحتوائه على مكتبات تضم مليون مخطوطة. وبالإضافة إلى الذهب، اشتهرت تمبكتو بإنتاج الكتب ونسخها وتصديرها إلى شمال إفريقيا ومصر.

وفي الآونة الأخيرة، أظهر اكتشاف مئات الآلاف من المخطوطات المحفوظة في مجموعات خاصة في صناديق داخل البيوت والخيام في مالي وعلى طول منطقة الساحل، عمق المعرفة التي وصلت إلى المجتمع بأسره سواء سكان المدن، أو القرويين، أو البدو.

وعلى امتداد قرون من الحضارة الإسلامية، جاء العبيد من عدة جهات بما في ذلك من إفريقيا. وبمرور الوقت، اندمجوا في الحضارة عبر مسارات مهنية مختلفة. لو سافرتَ اليوم من المغرب إلى ماليزيا مرورًا بجميع البلدان التي كانت تحت راية الإسلام فلن تجد بقايا طبقة العبيد مثلما هي الحال في الأمريكيتين. في الإسلام، يتمتع الطفل الذي تلده أَمَةٌ وأبوه رجل حر بالحقوق نفسها التي يتمتع بها أطفاله المولودون له عبر الزواج الشرعي.

استوعب التيار الرئيسي للمجتمع العبيد، وصار كثيرون منهم علماءَ بارزين ومحاربين مشهورين وتجارًا أثرياءَ.

إن الْفَهْم المتجزئ للماضي ووجهة النظر المشوَّهَة للإسلام الموجودة اليوم، تعني أن التأثير الشامل للحضارة الإسلامية على العالم لم يحظَ بدراسة عميقة ولا بفهم شامل. وصلت فتوحات الإسلام إلى أماكن بعيدة، واستمر وجوده زمنًا طويلًا، وأثرى الأماكن التي بلغها سواء بالنسبة لمن اختاروا البقاء داخل مجتمعاتهم التاريخية، أو تلك الثقافات والحضارات المجاورة لدار الإسلام.

الغرب

يمكن تقسيم الغزو الأوروبي للعالم إلى فترتين؛ تأسيسًا على أن الثورة الصناعية هي نقطة التحول. في الفترة الأولى، غزا الغرب الأمريكيتين غزوًا كاسحًا، واحتكر التجارة البحرية الغنية في آسيا. ومع تسارع وتيرة التحول الصناعي، غزا الغرب الحضارات العظيمة في آسيا أو أخضعها لسيطرته، وتقاسمت الدول الأوروبية قارة إفريقيا الشاسعة. وتشكَّل هيكل عالمي جديد احتلت أوروبا مركزه.

بحلول القرن السادس عشر، كانت الدول الأوروبية ذات السيادة التي تشكلت حديثًا تتكون من نسخة حصرية من المسيحية، وحضارة أُضفي عليها طابع مثالي، ومن مجموعة تجار شرهين، وطائفة محاربين صقلتهم الحرب المستمرة، وازدادت وحشيتها مع كل تطور تكنولوجي جديد. وكانت تلك الكيانات الجديدة المولعة بالحرب على وشك أن تهاجم العالم الغافل. إن الشعور بالتفوق الذي يجسده الأوروبيون قد تجاوز إلى أبعد الحدود ما كان طبيعيًّا لدى التجمعات البشرية في ذلك الوقت.

كانت كل دولة قومية تخلق أسطورة عن أصلها وجذورها، ويمكن أن نرى هذا جليًّا في حالة البرتغال، في قصيدة لويس دي كامويس الملحمية «لوسيادس». تروي تلك الملحمة قصة إنقاذ أرض البرتغال من المغاربة، ودخول فاسكو دي غاما المظفر إلى المحيط الهندي. تستحضر القصة قدماء الآلهة جميعًا، بالإضافة إلى يسوع المسيح، في ادعائها أن البرتغال والبرتغاليين هم أعظم غزاة بحريين شهدهم العالم على الإطلاق، وتفوقوا على أبطال القدماء الذين لم يكن معظمهم موجودين إلا في الأساطير. إن نبل وشجاعة البرتغاليين من ناحية، ووحشية وجبن مناوئيهم، لا سيما المسلمين، تتجلى عبر سطور تلك الملحمة. ولا

يجد القارئ أدنى شك في أن البرتغاليين هم سلالة أخرى مقارنة ببقية البشرية، ولقد تمتعت كل دولة أوروبية بهذا الفخر الشامل بأمتها، ووصل الفخر ذروته عند البريطانيين في الهند.

كانت المسيحية دينًا قائمًا حصريًّا على الاعتقاد بأنها السبيل الوحيد للخلاص، وبزيف كل الأديان الأخرى. ولكن داخل العالم المسيحي كانت التعاليم الأخلاقية المسيحية تتحكم بقوة في مشاعر الفخر والغرور. ومع حدوث الانقسام العقائدي في العالم المسيحي، تولَّد اليقين بصحة العقيدة التي تبناها الفرد، وعدم التسامح والعداء تجاه النسخ الأخرى من العقائد التي يتبعها الآخرون. ومع ذلك، كان نهج الأوروبيين بشأن الحضارة يميزهم عن جميع الثقافات والحضارات الأخرى؛ إذ إن تقديسهم العالم البائد لحضارة اليونان والرومان كان يعني أنه لا توجد حضارة حية يمكن أن تقارن بهاتين الحضارتين. ويضاف إلى ذلك أن الأوروبيين اعتادوا التواصل مع عالم ميت إلى درجة أنهم وجدوا صعوبة في التجاوب مع أي شيء في العالم الحي. وهذا يعني أن الأوروبيين دمروا كل ثقافة أو حضارة واجهوها كليًّا أو جزئيًّا واستبدلوا بها المثال الأوروبي. جُمع الرفات الثقافي لتلك الحضارات ووُضع في المتاحف، التي صارت بمثابة أضرحة ضخمة، حيث يمكن حفظ تلك الثقافات ودراستها على نحو صحيح.

لكن في نهاية القرن الخامس عشر، بدا أن صعود أوروبا على المسرح العالمي أمر بعيد الاحتمال؛ إذ كانت أرض العالم المسيحي تتآكل أمام عودة ظهور الإسلام. فقد ضاعت الأرض المقدسة، وغزت الإمبراطورية العثمانية بيزنطة واستولت على القسطنطينية، وصار شرق البحر الأبيض المتوسط تحت سيطرتها. كان الضوء الوحيد أمام أعين المسيحيين هو غزوهم شبه الجزيرة الإيبيرية بأكملها. وبدأت استراتيجية جديدة للانتصار على المسلمين تتشكل في الأفق. كان البرتغاليون على مدى عقود يبحرون أكثر فأكثر نحو الساحل الغربي لإفريقيا. وكان هدفهم إيجاد طريق مباشر نحو المحيط الهندي والثروة العظيمة في آسيا. وسيمكنهم ذلك من مهاجمة الإسلام من الجنوب وتدمير مكة.

ابتكر كريستوفر كولومبس حلًّا آخرَ للمشكلة ذاتها، وهو الوصول إلى الهند بالإبحار غربًا. حاول كولومبس إقناع عدد من الحكام بفكرته، ومنهم هنري السابع ملك إنجلترا، لكن لم يشعر أي منهم بالميل إلى دعمه. وتوجه كولومبس في زيارته الأخيرة إلى الملك فرديناند ملك أراغون والملكة إيزابيلا ملكة قشتالة، اللذين كانا يقاتلان المغاربة في غرناطة. في البداية رفضا فكرته، لكن بعد ذلك استسلمت غرناطة، وفي نشوة لحظة الانتصار عاودا الاتصال به، ووافقا على تمويل مشروعه.

في غضون ذلك، طُرد اليهود من إسبانيا أو أُجبروا على اعتناق المسيحية. وتمكن التجار والحاشية المسلمون من مغادرة البلاد، وتم الاتفاق على معاهدة تسمح لغالبية المسلمين، الذين كانوا مزارعين وحرفيين في جنوب إسبانيا، بالبقاء في البلاد والبقاء على دينهم. استمرت المعاهدة فترة قصيرة جدًّا، وتبعها فرض اعتناق المسيحية أو مواجهة الموت، مع عدم السماح لهم بمغادرة إسبانيا. يروي ماثيو كار في كتابه «الدم والدين»[1] القصة المعروفة على نطاق غير محدود لما حدث لمسلمي إسبانيا في نهاية الأمر. ومع مطلع القرن السابع عشر، كان العصر الذهبي لإسبانيا يتلاشى، وأصبح الإسبان مهووسين بعقيدة «نقاء الدم» (Limpieza de Sangre). وفي محاولة لإحياء مملكتهم الآخذة في التردي، طرد الإسبان كل ذوي الدم العربي أو البربري، سواء كانوا مسيحيين مخلصين، أو متظاهرين باتباع المسيحية مع الحفاظ على إسلامهم سرًّا. بعد 120 عامًا، اندمج كثير من هؤلاء في الثقافة الإسبانية تمامًا، لكن اندماجهم لم يكن مهمًّا، فقد أصبح المسلمون كبش فداء لإسبانيا الآخذة في الانحدار، وقد صور سرفانتس ذلك ببراعة في تحفته «دون كيشوت». وفي واحدة من أسوأ الأحداث في التاريخ الأوروبي، طرد مئات الآلاف من الموريسكيين من منازلهم، وتم نفيهم، ومات كثيرون في طريق نزوحهم. تضررت إسبانيا اقتصاديًّا من هذه الخطوة، ولم تسترد أجزاء من الجنوب ازدهارها السابق أبدًا. وهكذا اختفى وجود المسلمين في أوروبا المسيحية. ولم تبقَ سوى جاليات يهودية تعيش دائمًا في وضع غير مستقر، مع احتمال أن تتعرض للاضطهاد أو الطرد في أي وقت.

لنعد إلى كريستوفر كولومبوس، الذي هبط على أرض الأمريكيتين في عام 1492 ظنًّا منه أنه وصل إلى جزر الهند. وفي عام 1498 أبحر فاسكو دي غاما حول رأس الرجاء الصالح ودخل المحيط الهندي. وأعلن البابا أن تلك الرحلات هي حملات صليبية، وفي معاهدة توردیسیلاس (Treaty of Tordesillas) قُسِّم العالم بين الإسبان والبرتغاليين، وحصل الإسبان على معظم الأمريكيتين، باستثناء البرازيل، وحصل البرتغاليون على آسيا، باستثناء الفلبين. لكن كانت تنتظرهم مفاجأة كبرى، فقد كان الإسلام والمجتمعات المسلمة في جميع أنحاء المحيط الهندي وبحر الصين في حالة ازدهار. وهكذا لم يتمكنوا من غزو مكة من الجنوب.

---

(1) الكتاب المشار إليه «Blood and Faith: The Purging of Muslim Spain» صدرت ترجمته العربية بعنوان «الدين والدم: إبادة شعب الأندلس»، ترجمة د. مصطفى قاسم، هيئة أبو ظبي للسياحة والثقافة –مشروع كلمة، 2013. [المترجم]

جاء البرتغاليون لغزو المسلمين وتحويلهم إلى المسيحية. لقد حاولوا طوال مائة عام السيطرة على كل تجارة آسيا التي كانت تنتقل عن طريق البحر واحتكارها. ومن أجل تحقيق ذلك، استحوذ البرتغاليون على الموانئ الرئيسية في ملقا، ومكاو، وغوا[1] والعديد من الموانئ الأخرى، بقوة النار والاستراتيجية الفائقة. لم يُسمح لأي سفينة تجارية استخدمت موانئها، أو التقتها في أعالي البحار بالسفر دون تصريح صادر عن السلطات البرتغالية. فإذا لم يكن لدى السفينة تصريح بالمرور، يعامل البحارة بوصفهم قراصنة وتصادر حمولتهم. ساد الرعب في البحر، أما على الأرض فقد حمل البرتغاليون إلى مستعمراتهم محاكم التفتيش. أجبر البرتغاليون سكان الجيوب في الموانئ على التحول قسرًا إلى المسيحية. تلك الإمبراطورية البحرية الغريبة التي كانت تفرض الحماية بالإتاوة، لا يمكن أن تدوم.

وبحلول مطلع القرن السابع عشر، كانت الإمبراطوريات البرية الكبرى تُطارد البرتغاليين، وأصبح من الصعب السيطرة على الشحن المحلي، ودخلت دول أوروبية أخرى الساحة، ففقد البرتغاليون احتكارهم للتجارة والعديد من الموانئ، وتم استيعاب الموانئ المتبقية في مناطقهم الآسيوية البعيدة عن الساحل، وبدأت البرتغال في الانحدار.

كان القرن السابع عشر قرن الهولنديين. لم يرتكبوا الخطأ الذي ارتكبه البرتغاليون بمحاولة احتكار النظام، لكنهم ركزوا جهودهم على تجارة التوابل، التي جاء أثمنها من عدة جزر في أعماق أرخبيل ملايو. غزا الهولنديون أهم الجزر هناك تحت قيادة يان بيترسزون كوين، الحاكم العام لشركة الهند الشرقية الهولندية، وقد تمثلت دعوته الحاشدة بالشعار: «لا تيأس ولا تعفُ عن أعدائك؛ لأن الله معنا». احتل الهولنديون تلك البلاد وقتلوا السكان، أو رحَّلوهم، أو استعبدوهم، ودمروا المحاصيل في الجزر الأخرى، واحتكروا التجارة لأنفسهم. وقد كانت شركة الهند الشرقية الهولندية تعدُّ أغنى مؤسسة تجارية وجدت في التاريخ على الإطلاق. كان أسطولها أكبر من أساطيل جميع الدول الأوروبية مجتمعة، وقد شحذ أسطولُها القوة لمحاربة الإسبان، وخرجت منتصرة.

خلال القرن السابع عشر، كانت هولندا أغنى دولة في أوروبا، وتمتعت بعصرها الذهبي. ولكن بحلول القرن الثامن عشر، تراجعت قيمة التوابل تراجعًا كبيرًا؛ إذ تبين أنه يمكن زراعتها في بيئات أخرى. تحرك الهولنديون لاستعمار البر الرئيسي لما يعرف اليوم

---

(1) ملقا في ماليزيا، ومكاو في الصين، وغوا في الهند.

بإندونيسيا، واستغلوا الثروة الطبيعية لتلك الجزر مدة ثلاثمائة عام، وحافظوا على قبضتهم الحديدية على السكان. طرد اليابانيون الهولنديين إبان الحرب العالمية الثانية، لكنهم عادوا بعد الحرب لاستعادة مستعمراتهم. ونشبت حرب الاستقلال التي أودت بحياة نحو 200 ألف شخص إندونيسي، لكن إندونيسيا تخلصت من الاستعمار الهولندي أخيرًا بعد 400 عام من الاحتلال.

شهد القرن السابع عشر وصول الفرنسيين والإنجليز إلى المحيط الهندي. وكان حكام الهند والصين بحلول ذلك الوقت يصبون اهتمامهم الأكبر على من ينقل تجارتهم عن طريق البحر. خُصصت للشركات الفرنسية والإنجليزية مراكز تجارية، وعلى مدى مائة وخمسين عامًا استمرت تلك الشركات في التجارة العادية، ما عاد بالنفع على الطرفين. وكانت لدى أوروبا شهية لا تشبع إلى السلع القطنية الهندية، والحرير الصيني، بالإضافة إلى العديد من المنتجات الفاخرة الأخرى. وكان على الأوروبيين أن يبتاعوا ما يريدون بالنقود إذا لم تكن لديهم سلع يريدها الآسيويون. ومن جهة أخرى، كان الأوروبيون غارقين في الذهب والفضة المستخرجة من المناجم في الأمريكيتين وبالأرباح من نظام التجارة المثلثية[1]؛ إذ جلبوا العبيد من إفريقيا إلى الأمريكيتين، وشحنوا المحاصيل إلى أوروبا الآخذة في التوسع والنمو. وحققوا أرباحًا هائلة من بيع البضائع الآسيوية في أوروبا والأمريكيتين.

وفي القرن الثامن عشر بدأت إمبراطورية المغول[2] تتداعى بعد أن كانت القوة المهيمنة في الهند لمائتي عام. تصارع الفرنسيون والإنجليز بعد ذلك، واشتعلت الحرب بينهم في جميع أنحاء العالم. انتصر الإنجليز في حربهم ضد الفرنسيين في الهند، وأمريكا الشمالية، وأصبحوا حكام البنغال وهي أغنى مقاطعة في الهند. مع صعود بريطانيا العظمى في الهند وما حدث في الأمريكيتين، صار المسرح ممهدًا للثورة التي من شأنها أن تغير وجه العالم. لكن أولًا، يجب أن نعود إلى الأمريكيتين. كان الغزو الأوروبي شاملًا، فقد فتكت

---

(1) نظام التجارة المثلثية (triangular system of trade): يحصل بموجبها مبادلة البضائع الأوروبية بالعبيد في محطات تجارية على الساحل الإفريقي، ويباع العبيد مع وصولهم إلى الأمريكيتين، بينما تنقل منتجات مثل السكر إلى أوروبا التي تمثل الضلع الثالث لهذا المثلث. دراسات ما بعد الكولونيالية – المفاهيم الرئيسية، المركز القومي للترجمة، 2010، ص 316. [المترجم]

(2) دامت إمبراطورية المغول في الهند ثلاثة قرون (1526–1857). أسس بابور تلك السلالة الحاكمة باحتلاله دلهي، وأغرا، ومن أشهر أباطرتها أكبر وجاهانجير، وشاه جهان، وأورانغزيب. [المترجم]

الأسلحة المتفوقة والأمراض التي جلبها الأوروبيون بالسكان الأصليين في القارتين وقضت عليهم. وتحولت حضارات الإنكا والمايا والأزتيك العظيمة إلى أنقاض، وشُحنت ثرواتهم وكنوزهم إلى أوروبا. مع مرور الوقت، وضعت القطع الأثرية المأخوذة من تلك الحضارات في المتاحف لدراستها. ومع تدمير تلك الحضارات، أحرقت آلاف الكتب مع اقتراب التحول القسري إلى المسيحية في محاولة لمحو كل آثار الثقافات الأصلية. وصف الأسقف دييغو دي لاندا ما حدث في عام 1562:

> «عثرنا على عدد كبير من الكتب... ولما كانت لا تحتوي إلا على ما اعتبر خرافات وأباطيل الشيطان، فقد أحرقناها عن آخرها، وهو ما أسفوا عليه أشد الأسف، وألمَّ بهم بسببه كربٌ عظيم».

جلب الغزاة الإسبان والبرتغاليون إلى الأمريكيتين محاكم التفتيش. وعلى نحو ما فعل المسلمون في إسبانيا، امتثل العديد من السكان الأصليين واعتنقوا المسيحية ظاهريًّا، لكنهم حافظوا سرًّا على معتقداتهم الموروثة، واحتفظ بعضهم بها حتى يومنا هذا. وقد روى الراهب الدومينيكي، بارتولومي دي لاس كاساس، فصول الرعب الكامل لما حدث في تقريره إلى ملك إسبانيا:

> «السبب الذي جعل المسيحيين يقتلون هؤلاء على نطاق واسع ويفتكون بأي شخص وكل شخص في طريقهم هو الجشع المحض... قد يسائل القارئ نفسه، أليست هذه قسوة وظلمًا من نوع رهيب تعجز المخيلة عن تصورها؟ ألم يكن هؤلاء الضحايا المساكين ليكونوا في حال أفضل بكثير لو أنهم وقعوا في قبضة شياطين الجحيم، مما كانوا عليه وهم في قبضة شياطين العالَم الجديد المتسربلين بالمسيحية؟»

وعندما غزا البريطانيون والفرنسيون والهولنديون أمريكا الشمالية، لم يواجه السكان الأصليون معاملة أفضل؛ إذ طوردوا كالفرائس، وقتلوا أو ماتوا من جراء الأمراض. أما الذين نجوا فقد نقلوا إلى محميات، أو استُعبدوا وأُرغموا على العمل في المناجم والمزارع التي تزود الأوروبيين باحتياجاتهم في بلدانهم الأصلية، أو أراضيهم الجديدة. كانت عقيدة «نقاء الدم» صريحة عند الأيبيريين، ومتأصلة في نفوس الأمم الأوروبية الأخرى. ومن ألاسكا

شمالًا إلى الأرجنتين جنوبًا، تحولت الشعوب الأصلية في الأمريكيتين إلى ثقافات فرعية باقية حتى يومنا هذا.

اتضح من أول الأمر أن السكان الأصليين الذين هلك أغلبهم لن يكونوا عمالة كافية تتيح استغلال الثروات التي كانت تنتظر مستغليها. وهكذا بدأت تجارة الرقيق[1] الشنيعة. تناولت الأبحاث والدراسات هذا الفصل من التاريخ الإنساني بالمناقشة والشرح إلى درجة أن ذكر اسم تلك التجارة البغيضة كان كافيًا لإيصال الرعب الذي انطوت عليه إلى الأذهان. وقد كان لتلك التجارة دور رئيسي في تمهيد الطريق للثورة الصناعية التي تلت ذلك؛ إذ عن طريق استغلال قوة الإنسان بوصفه حيوانًا عاملًا، يسهل التخلص منه بعد تحقيق أقصى إنتاج بأقل كلفة. وحرصت النزعة الاستثنائية الأوروبية والهوس بنقاء الدم على أن يظل السود نوعًا حيًّا منفصلًا، وظيفته الوحيدة هي العمل الشاق. وإن طيش البيض مرَّ دون اعتراف بالذرية الناتجة عنه، ودخل الأطفال الناتجون عن التزاوج في عداد السود. وحتى يومنا هذا، يُشار إلى الرئيس الأمريكي باراك أوباما بأنه «أسود»، وإن كانت والدته بيضاء، بحسب النظام العرقي التراتبي.

قذفت الثورة الصناعية بالغرب إلى مستوى آخر، وجعلت الأوروبيين قوة لا تقهر. كانت الآلات الأولى التي اخترعت مخصصة للغزل والنسيج، وكانت منطقة شمال إنجلترا البيئة المثالية لتشغيل الآلات مع وجود أنهار سريعة الحركة. لكن لم يكن ممكنًا إدخال التصنيع إلى المنسوجات الصوفية البريطانية. فقد كانت النقابات قوية جدًّا، وكان السوق مزودًا باحتياجاته بالكامل. كانت الاستجابة حيال القطن؛ لأنه يستورد من الهند، وبريطانيا العظمى كانت تسيطر آنذاك على البنغال، وهي أهم بلد منتج للسلع القطنية. تحولت البنغال في غضون بضع سنوات من كونها منتجة ومصدِّرة لأجود السلع القطنية إلى كونها مزوِّد القطن الخام لمصانع مانشستر ومستوردة لمنتجاتها النهائية. حصل ذلك،

(1) تجارة الرقيق: مؤسسة الرق قائمة منذ العصور القديمة في مجتمعات مختلفة، ومع ذلك «لهذه المؤسسة أهمية خاصة في تشكيل العديد من مجتمعات ما بعد الكولونيالية في إفريقيا ومنطقة الكاريبي» والولايات المتحدة الأمريكية. يقدر عدد الأفراد الذين شحنوا إلى البرازيل والكاريبي والولايات المتحدة في القرون السادس عشر والسابع عشر والثامن عشر بنحو 12 مليون شخص. «لم يقتصر استغلال العبيد على الأعمال المنزلية، أو اتخاذ النساء محظيات بالجبر فحسب»، بل أتاح ما يعرف باسم الرق التجاري «الغالبية العظمى من قوة العمل الضرورية التي قامت على أكتافها اقتصادات كاملة». دراسات ما بعد الكولونيالية، المركز القومي للترجمة، 2010، ص 316. [المترجم]

بعد فرض رسوم جمركية عالية على تصدير السلع القطنية من البنغال، ورسوم منخفضة على الواردات من مانشستر.

عندما تبين أن القطن طويل التيلة المستقدم من أمريكا الشمالية يتناسب مع الآلات أكثر من القطن قصير التيلة الآتي من الهند، جرى تحويل زراعة القطن إلى مزارع العبيد في الأمريكيتين. كانت البنغال أول المجتمعات الحرفية التي دُمرت من أجل إفساح المجال أمام التحول إلى التصنيع. عندما وصل البريطانيون إلى البنغال كانت البلاد مشتهرة بثروتها. وكانت دكا مدينة مزدهرة يبلغ عدد سكانها مئات الآلاف. وإضافة إلى المنسوجات، كانت البنغال مُصدِّرًا رئيسيًّا للأرز. لكن عندما غادر البريطانيون البنغال، كانت البلاد قد صارت رمزًا للفقر، تطاردها المجاعة. حل نظام استزراع أحادي محكوم مركزيًّا وغير مستقر واستغلالي ومعادٍ للطبيعة، محل نظام متوازن قائم على أساس محلي وكفاية ذاتية وإنتاجية عالية ومستقرة ومنسجمة مع الطبيعة، ومنتجات تحظى بالتقدير ويسعى المستهلكون وراءها في جميع أنحاء العالم. تطلبت الآلات مواد أولية وأسواقًا توزع فيها منتجاتها النهائية، وكان البريطانيون أول من حولوا إمبراطوريتهم التجارية لتلبية تلك المتطلبات. وبعد غزو البنغال، دانت بقية الهند للسيطرة البريطانية.

أصبح عدد السكان الكبير، والمدن الكبيرة العديدة، والبلد الفائض بالموارد الطبيعية جوهرة تاج الإمبراطورية البريطانية. سعى البريطانيون إلى القضاء على كل الحرف التي يمكن أن تنافس المنتجات البريطانية، بما في ذلك صناعة السفن، التي اشتهرت بها الهند لفترة طويلة. ومع إدخال السكك الحديدية إلى البلاد، نقلت المواد الخام إلى الموانئ وشحنت إلى بريطانيا العظمى على متن سفن بريطانية، ومن بريطانيا عادت السفن بالمنتجات النهائية التي غزت أكبر سوق أسير في العالم.

كان القرن التاسع عشر مِلكًا للبريطانيين، لكنه شهد بزوغ دول أوروبية أخرى في التحول إلى التصنيع. ومن أجل دعم التطور، سعت تلك الدول إلى مواءمة إمبراطورياتها القائمة، أو إلى بناء إمبراطوريات جديدة؛ إذ وقع جزء كبير من إمبراطورية الفرنسيين في قبضة البريطانيين في القرن الثامن عشر، واضطر الفرنسيون إلى إعادة بناء إمبراطوريتهم. شرح بول دومر[1] رئيس الجمهورية الفرنسية، الوضع دون لبس:

---

(1) بول دومر (1857–1932) رئيس فرنسا من 13 يونيو 1931 حتى اغتياله في 7 مايو 1932. [المترجم]

«جنوب شرق آسيا هو المستعمرة المثالية، فليس للمواد الخام فيها نهاية، وستكون منفذًا مثاليًا للمنتجات التي تخرجها مصانعنا».

ثم جاء التبرير الأخلاقي:

«مثلما جلبت روما الحضارة إلى البرابرة خارج حدودها، يقع على عاتقنا واجب نشر الثقافة الفرنسية والدين ليصلا إلى الشعوب المتخلفة في العالم».

استغرق غزو ما صار يعرف باسم الهند الصينية الفرنسية (فيتنام، وكمبوديا، ولاوس) عقودًا. قوبل الاستعمار الفرنسي دائمًا بالنقمة والمقاومة من حضارة رفيعة ذات تاريخ عميق عجز الفرنسيون عن إدراك كنهه. ومثلما حدث في إندونيسيا مع الهولنديين، حاول الفرنسيون استعادة مستعمرتهم بعد الحرب العالمية الثانية حين طرد الأمريكيون اليابانيين. تلا ذلك حرب استقلال شرسة، وانسحب الفرنسيون أخيرًا ليحل محلهم الأمريكيون في حملتهم ضد الشيوعية. أما باقي مناطق النشاط الفرنسي فكانت في شمال وغرب إفريقيا، حيث تكشفت فصول مآسي الجزائر والسنغال.

أما روسيا، التي ضمت بالفعل أراضي سيبيريا الشاسعة، تحركت جنوبًا لغزو سلطنات آسيا الوسطى، والسلطنات على الشواطئ الشمالية للبحر الأسود الواقعة تحت السيادة العثمانية. صار لديها آنذاك كل ما تحتاج في أرض واحدة لتتحول إلى عملاق صناعي. ولم تصبح إيطاليا وألمانيا دولتين قوميتين[1] إلا في منتصف القرن التاسع عشر. وبحلول ذلك الوقت، لم تترك الإمبراطوريات الأخرى سوى القليل جدًّا كي تبني هاتان الدولتان إمبراطوريتهما.

شهد القرن التاسع عشر في نهايته ما يعرف بـ«التكالب على إفريقيا» (scramble for Africa). حتى ذلك الحين، لم يقع تحت الاحتلال الأوروبي سوى شمال إفريقيا والجيوب على طول الخط الساحلي الشاسع. وكشف المستكشفون والمبشرون النقاب عن الثروة الهائلة داخل القارة التي تنتظر من يستغلها. قرر الأوروبيون الإحجام عن قتال فيما بينهم، وبدلًا من ذلك أخذوا يتقاسمون القارة بطريقة «حضارية». وفي عام 1892، ترأس بسمارك، المستشار الألماني، مؤتمرًا في برلين «لتقسيم الكعكة» كما وصفها ليوبولد الثاني، ملك

(1) في عامي 1861 و1871.

بلجيكا[1]. رُسِمت الخطوط على الخرائط وقُسِّمت القارة إلى بلدان ليس لها علاقة تذكر بالحدود القبلية والتاريخية القائمة بالفعل. ومع غزو الإيطاليين إثيوبيا في عام 1936، كانت ليبيريا –التي أنشأها الأمريكيون لإعادة العبيد– البلد الوحيد الخالي من الاستعمار الأوروبي. فقد حوَّل الأوروبيون إفريقيا، بوحشية شديدة، إلى عالم من المناجم والمزارع، فأنتجوا محاصيل نقدية للأسواق الغربية. مرة أخرى، دُمرت مجتمعات مكتفية بذاتها، ودمرت ثقافتها الغنية أيضًا، وطريقة حياتها التي عاشتها في وئام مع الطبيعة، واستُبدلت من أجل دعم النظام الصناعي.

في الشرق، بزغت أمة واحدة استطاعت أن تضاهي الأوروبيين. كانت اليابان قد أغلقت حدودها في وجه الأوروبيين منذ عام 1642 عند طرد البرتغاليون. لكن في عام 1853 أبحر بيري، قائد البحرية الأمريكية، إلى ميناء طوكيو على متن الفرقاطة سسكويهانا، وأرسل إلى اليابانيين إنذارًا نهائيًّا: إما التجارة وإما الحرب. أدرك اليابانيون أنه يتعين عليهم التحول إلى التصنيع أو مواجهة الدمار. فاتخذوا الغرب نموذجًا لهم، واختاروا من بين الدول المختلفة الأفضل بالنسبة لهم. لكن لم يكن لدى اليابان سوى القليل من الموارد الطبيعية، لذلك حولت اليابان نفسها إلى دولة عسكرية/ صناعية ذات قوة هائلة وبنت إمبراطوريتها على طول الخطوط الاستعمارية الأوروبية. ومع اندلاع الحرب العالمية الثانية كانت اليابان قد احتلت كوريا وجزءًا شاسعًا من الصين وجزءًا كبيرًا من جنوب شرق آسيا، بقسوة واستغلال يعجز اللسان عن وصفهما.

بعد الحرب العالمية الثانية ونهايتها الرهيبة بالسلاح النووي، حقق اليابانيون معجزة بالنهوض من جديد. فقد أصبحوا روادًا على المستوى العالمي في تصنيع منتجات عديدة صارت ضرورية في طريقة الحياة الحديثة دائمة التغير. ومع ذلك، فإن التحول الذي شهده المجتمع الياباني استدعى هذا الرثاء من كنزابورو أو (Kenzaburo Oe)، الحائز على جائزة نوبل عام 1994:

> «ملاحظتي هي أنه بعد مائة وعشرين عامًا من التحديث، منذ فتح البلاد، أصبحت اليابان الحالية منقسمة بين قطبين متعارضين من الغموض. كانت الطريقة التي حاولت بها اليابان بناء دولة حديثة، كارثية».

---

(1) احتلت بلجيكا الكونغو نحو 75 عامًا، وارتكبت فظائع تفوق كل تصور، إلى أن حصلت الكونغو على استقلالها عام 1960. [المترجم]

بعبارة أخرى، أصبح اليابانيون مصابين بالفصام الثقافي، ويعيشون في عالمين متناقضين.

تسيَّدت الولايات المتحدة الأمريكية القرن العشرين. وخرجت من رحم مستعمرة بريطانية، وأصبحت سيدة على الأمريكيتين، وأقوى دولة قومية على الإطلاق. أخليت الأرض من السواحل الشرقية إلى الغربية من سكانها وربطتها السكك الحديدية، وطُرد المكسيكيون من أراضيهم إلى الجنوب. وهيأت الولايات المتحدة مساحة شاسعة من الأرض مليئة بالموارد الطبيعية الجاهزة للاستغلال. وحدث التحول إلى التصنيع بسرعة، وبدأت الفجوة تتسع بين الولايات المتحدة وأمريكا اللاتينية.

كانت أمريكا اللاتينية في وضع مثالي قبل أن تصبح مستعمرة شبيهة بالولايات المتحدة في كل شيء عدا الاسم، في ظل وفرة المحاصيل النقدية والمواد الخام والسوق المتنامي لمنتجاتها المصنعة. استمر الحكم الاستبدادي الذي أقامه الإسبان والبرتغاليون بيد النخب الحاكمة التي احتفظت بالسلطة في أعقاب رحيلهم، وكان من المقرر أن يستمر تحت إشراف حكومات الولايات المتحدة والشركات. بدا أن المثل العليا للحرية كانت للاستهلاك المحلي لا للتصدير. وتستمر معاناة أمريكا اللاتينية واستغلالها حتى الآن.

بحلول نهاية القرن التاسع عشر، كانت الإمبراطورية الإسبانية تلفظ أنفاسها الأخيرة. فقدت إسبانيا مستعمراتها في أمريكا الجنوبية والوسطى، ولكن لم يزل لديها عدد من الجزر ذات الموقع الاستراتيجي في المحيط الأطلسي، بما في ذلك كوبا، وغوام في المحيط الهادي، مع واحدة من ممتلكاتها الثمينة، الفلبين، فكانت في وضع مثالي للتجارة مع الصين. ظلت كوبا والفلبين تشتعلان بالثورة ضد الحكم الإسباني القاسي لسنوات. تصف رواية «لا تلمسني» (Noli me Tangere) التي كتبها خوسيه ريزال بوضوح النضال الذي عاشه الفلبينيون في محاولتهم للخلاص من معذبيهم. كان خوسيه ريزال فردًا من المقاومة، وقد أُسِر وأعدم في عام 1896. وكتابُه شهادة رائعة على الطبيعة الفاسدة للاحتلال الإسباني. أما الولايات المتحدة الأمريكية التي كانت تنتقد بشدة الأوروبيين وإمبراطورياتهم، فقد انضمت إليهم وبدأت ببناء إمبراطوريتها الخاصة. دخلت الولايات المتحدة في حرب ضد الإسبان فانقلبت الموازين. تنازل الإسبان عن مستعمراتهم، وورثت الولايات المتحدة شبكةً من الجزر ستصبح بعد الحرب العالمية الثانية قواعد لجيوشها التي ستمتد من شرق العالم إلى غربه. إلا أن الشعب الفلبيني لم يرغب في استبدال سيد بآخر. فقاوموا وقاتلوا ببسالة ضد القوات الغازية المتفوقة، وهُزموا في النهاية بعد أن فقدوا 200 ألف قتيل.

ما من شيء يكشف بوضوح إلى أي مدى يشترك الأمريكيون في النزعة الاستثنائية الأوروبية أكثر من تبرير الرئيس ماكينلي[1] للحرب ضد الفلبين:

> «لم يكن من الممكن أن ندعهم وشأنهم، فقد كانوا غير مؤهلين للحكم الذاتي وسرعان ما كانت ستعم الفوضى. وغياب النظام هناك أسوأ مما كانت عليه الحال زمن الحكم الإسباني. لم يكن أمامنا سوى أخذهم جميعًا وتعليم الفلبينيين والارتقاء بهم وتمدينهم وتنصيرهم».

مع بزوغ ألمانيا بصفتها دولة ذات سيادة، كان الوضع جاهزًا للمواجهة النهائية للإمبراطورية التي ستنهي هيمنة أوروبا التي استمرت خمسمائة عام. أدى وصول ألمانيا المتأخر إلى حلبة التنافس إلى الإخلال بالتوازن في أوروبا. سبق أن هزم البروسيون وحدهم الفرنسيين في الحرب الفرنسية البروسية 1870-1871، وبحلول نهاية القرن التاسع عشر أصبحت ألمانيا الموحدة قوة صناعية، متجاوزة بريطانيا العظمى. ولكن لم يكن أمامها مكان تتوسع فيه لتدعم نموها. اشتعلت فيها القومية المتطرفة، فتحولت بعد الهزيمة في الحرب العالمية الأولى إلى دولة هتلر الفاشية. حاولت ألمانيا بناء إمبراطوريتها على الأراضي الأوروبية، وتحويل العالم السلافي إلى مستعمرة كالهند.

كانت أهوال الغزو الألماني مختلفة قليلًا عما التزمت به الدول الأوروبية الأخرى في إنشاء إمبراطورياتها، ولكن ذلك حدث على أراضي البيض وفي أوطانهم. وفي تلك المرة، عانى اليهود من الإبادة على نطاق هائل. وفي النهاية، وضع الحلفاء حدًّا لتطلعات ألمانيا عبر تسخير القوى البشرية والموارد في إمبراطورياتهم، بدعم من الأمريكيين. وبحلول نهاية الحرب، كانت أوروبا في حالة خراب. لكن بعد قرون من الصراع الدموي، اجتمع الأوروبيون أخيرًا وتعهدوا بعدم خوض الحرب مرة أخرى ضد بعضهم بعضًا. غير أن نهاية الإمبراطوريات الأوروبية كانت سيئة، فبعد الحرب كان ما يزال يتعين على كثير من البلدان المستعمَرة القتال من أجل تحقيق استقلالها، فواجهت وحشيةً استثنائية من الفرنسيين والهولنديين، بينما ترك البريطانيون الهند منقسمة بشدة مع سوء إدارتهم المزمن لها؛ ما أفضى إلى تقسيم البلاد وما ترتب على ذلك من أهوال ما زالت تداعياتها تطاردنا. ترك

(1) وليام ماكينلي (1843-1901)، الرئيس الخامس والعشرون للولايات المتحدة (1897-1901). والاقتباس هنا من كلمة ألقاها أمام وفد من قادة كنيسة الميثوديست في عام 1899 دفاعًا عن قراره بضم الفلبين. [المترجم]

المستعمرون وراءهم دولًا قومية حديثة مشوهة، يعاني مواطنوها صدمات نفسية، ويعيشون في حالة نسيان ثقافي محاولين استعادة هوياتهم.

وخرج من رحم الثورة الصناعية تكوين سياسي جديد، ورَّط العالم في جولة أخرى من الاضطراب والعنف. إن الرعب الذي خلقته الثورة الصناعية واستغلال عمال المصانع لم يمر مرور الكرام بعيدًا عن سجلات التاريخ، أو دون محاولاتٍ للتخفيف من حدة المعاناة الناجمة عنه. فقد صور قلم تشارلز ديكنز ببراعة مناخ الاستغلال والإذلال الذي عاش في ظله الفقراء مع قسوة الأثرياء وتباهيهم، وقاد حملة من أجل الإصلاح مع كثيرين آخرين في المجتمع الفيكتوري. وفي أوائل القرن العشرين، أبرز تشارلي شابلن في أفلامه إنسانية الذين يعيشون في فقر طاحن تحت الأثر اللاإنساني للآلة. علَّمنا شابلن أن نتعاطف معهم، وقد تمكن من ذلك لأنه نشأ في فِقر مدقع. وظهر من يرون أن النظام الرأسمالي يتعذر إصلاحه ويجب تقويضه ليس إلَّا. هؤلاء كانوا العدميين والفوضويين الذين تسببوا في فوضى لعقود، واغتالوا قيصرًا هنا، ورئيس وزراء هناك، وأعدادًا غفيرة من الناس العاديين في حملات عنف هوجاء.

من ناحية أخرى، ظهر مفكرون سياسيون جادون في سعيهم إلى إيجاد حل بديل لتنظيم المجتمع الصناعي، على رأسهم كارل ماركس. كانت كتاباته عاملًا محفزًا على صراع كلَّف البشرية ثمنًا باهظًا، بين أيديولوجيتين ماديتين، وهما وجهان لعملة واحدة: الرأسمالية والشيوعية. استلهم العديد من قادة حركات التحرر كثيرًا من الماركسية، واعتنقوا المثل الأعلى الشيوعي. كان نجاح فيدل كاسترو في كوبا وانتصاره على الأمريكيين مصدر إلهام لكل تلك الدول الساعية إلى تقرير المصير، والفقراء المضطهدين الذين كانوا يسعون إلى التحرر من الحكام المستبدين. أما الولايات المتحدة الأمريكية، التي وُلدت من رحم ثورة ضد الحكم الاستبدادي البريطاني، فتحولت إلى عملاق صناعي عسكري بإمكانيات تفوق التصور وقوة تدميرية هائلة.

ربما كانت الحرب بين الاتحاد السوفيتي والغرب «باردة»، لكنها كانت حربًا ساخنة تدور معاركها على أشدها في أماكن أخرى. فقد عانت كوريا، وفيتنام، والقرن الإفريقي، وموزمبيق، وكولومبيا، وبيرو، وأفغانستان، لسنوات من الصراع، إضافة إلى العديد من بؤر التوتر الأخرى. لقد ضحَّى الاتحاد السوفيتي في عملية التحول إلى التصنيع بسكانه الريفيين، الذين كانوا ضحايا لفصول مجاعة معطِّلة، وكي يضاهي الغرب أصبح دولةً صناعية عسكرية.

وقد حكم النظامُ السوفييتي العديد من الدول التي كانت تقع تحت سيطرته بقبضة حديدية. وتحول النموذج الماركسي، في الممارسة العملية، إلى دولة طغيان صوَّرها ببراعة جورج أوروِيل في روايته «مزرعة الحيوانات».

أما الصين، الدولة العظيمة الأخرى التي اعتنقت الشيوعية، فلم تكن مستعمرة، ولكنها عانت بشدة على أيدي الغرب واليابان خلال القرن التاسع عشر وحتى القرن العشرين. منذ القرن السادس عشر، جذب جمال وتطور السلع التجارية الصينية الأوروبيين. لكنهم كانوا يمارسون التجارة بوصفهم شركاء متساوين حتى زمن الثورة الصناعية. كانت الصين شاسعة وقوية للغاية فلم يكن بالإمكان استعمارها. لكن مع التحول إلى التصنيع تغير كل شيء. طالبت الدول الأوروبية بجيوب لها على طول الساحل الجنوبي للصين، وأرهبوا الصينيين ودفعوهم إلى إبرام اتفاقيات تجارية استنزفت ثرواتهم. وفي طليعة الأوروبيين خاض البريطانيون حربين لفرض تجارة الأفيون على الشعب الصيني الذي دمره هذا المخدر[1]. وقد أعرب مسؤول صيني رفيع عن أسفه قائلًا:

> «إن الربح الكبير الذي جناه البربري هو ربح مسلوب من الحصة الشرعية للصين. وفي المقابل بأي حق يستخدمون مخدرًا سامًا لتدمير الشعب الصيني».

وسار الاحتلال الياباني المدمر للصين على خطى الأوروبيين، ولم ينتهِ إلا بهزيمة اليابان في نهاية الحرب العالمية الثانية. ثم تبعته حرب أهلية بين أيديولوجيتين غربيتين في الصين هما الرأسمالية والشيوعية. انتصر الشيوعيون، وشرع ماو تسي تونغ في تغيير المجتمع الصيني بالكامل. كان ماو تسي تونغ أكفأ من الروس في فرض الإلحاد، فقد عكس التسلسل الهرمي التقليدي وعلاقته بالسماء، فغذى الحضارة الصينية وجددها لآلاف السنين. دمر ماو تسي تونغ في ثورته الثقافية[2] الثقافة التقليدية ليحل محلها كتابه الأحمر الصغير. وعلى نحو

(1) حربان شنتهما القوى الإمبريالية الغربية ضد الصين لإدخال الأفيون إلى الصين. نجم عن انتشار الأفيون في الصين مشكلات اجتماعية واقتصادية خطيرة، فضلًا عن الإدمان. اعتدَت بريطانيا على الصين في الحرب الأولى (1842–1839) ثم بريطانيا وفرنسا على الصين في الثانية (1860–1856). وكان من نتائج هزيمة الصينيين أن استولت بريطانيا على هونغ كونغ، وحصلت على تعويضات كبيرة وزاد عدد الموانئ التي يمكن أن يستخدمها البريطانيون في التجارة والإقامة من ميناء واحد إلى خمسة من بينها شنغهاي. [المترجم]

(2) الثورة الثقافية الصينية: أطلقها ماو تسي تونغ في مارس 1966، واستمرت عشر سنوات بهدف محو مظاهر انعدام المساواة الاجتماعية والثقافية والتعليمية، وللتخلص من القيادات الشيوعية التي لا تتفق معه في

ما كانت الحال في روسيا، ضحى بالعمال الريفيين في «القفزة الكبرى إلى الأمام»[1] نحو التحول إلى التصنيع، وأعقب ذلك مجاعات رهيبة، مثلما حدث في روسيا تمامًا.

كثيرًا ما كانت المجاعة نتيجة حتمية للتغييرات اللازمة بهدف التحول إلى التصنيع. لقد عانت الهند من المجاعات من قبل، لكن لا شيء يضاهي تواتر المجاعات وشدتها، التي حدثت إبان الحكم البريطاني. في كتابه «المحارق الفيكتورية المتأخرة»، يرسم المؤرخ الأمريكي مايك ديفيز مسارات تلك المجاعات؛ إذ تشير التقديرات إلى أن ما يصل إلى 60 مليون هندي قد لقوا حتفهم في المجاعات التي نجمت عن السياسات إبان حكم الراج البريطاني. ومات عدد لا يحصى من الملايين في روسيا والصين بسبب المجاعات، ولكن الإحصاء العالمي النهائي لكل الذين عانوا من أفظع الوفيات لإفساح المجال أمام التصنيع، سيكشف وحده مقدار الرعب الكامل لانحدار البشرية إلى العالم الحديث.

أدى اعتماد الصين الأيديولوجيا الشيوعية إلى دخولها في مواجهة مباشرة مع الولايات المتحدة. وقد أتاح لها تحولها إلى قوة نووية الحماية من الغزو، وكان الدعم الذي قدمته إلى فيتنام الشمالية، مع هزيمة الولايات المتحدة، قد أكسبها مكانة عالمية هائلة. وفي النهاية، لم يستطع الاتحاد السوفيتي أن يضاهي قوة الغرب فانهار وانتهت الحرب الباردة بانتصار الغرب. عادت روسيا دولة ذات سيادة وعادت الكنيسة الأرثوذكسية إلى الظهور من جديد. ولم تسقط الصين، بل عاد تراث الصين الحرفي الرائع بمظهر جديد في الإنتاج الصناعي، وأصبحت الصين مرة أخرى القوة المحركة مثلما كانت على مدار معظم التاريخ. وتمكنت الصين من المزاوجة بين نظام شيوعي واقتصاد السوق الرأسمالي. إن توسعها الكبير الآن

الحزب والجيش وجهاز الدولة والمدارس. بدأ عهد الرعب مع استجابة آلاف الطلاب لدعوة ماو، الذين عرفوا باسم «الحرس الأحمر»، فاقتحموا البيوت وأهانوا المعلمين والمثقفين وعذبوهم وقتلوهم وشنوا حملات لإبادة الكتب والمكتبات والمتعلقات الشخصية، وكل ما من شأنه أن يتصل بالقيم التقليدية أو التأثيرات الغربية. وتذهب ربيكا نوث في كتابها «إبادة الكتب» إلى أن الثورة الثقافية الصينية «كانت نقطة تحول في التاريخ الثقافي الحديث، وحدث ينتصب أمامنا بوصفه مثالًا مروعًا على التطرف اليساري. ساق الحكم الاستبدادي الشعب الصيني سوقًا نحو تشريب العقول بالعقائد الشيوعية، ثم التوحش الاجتماعي وصولًا إلى الانسلاخ من تراثه الثقافي وارتكاب إبادة إثنية ذاتية». ص. 253. [المترجم]

(1) القفزة الكبرى إلى الأمام: محاولة للتوسع الصناعي والزراعي عبر صناعات «الفِناء الخلفي» في الريف وزيادة حصص الإنتاج. نجمت عنها مجاعة راح ضحيتها نحو 13 مليون صيني. أما في روسيا، فقد انطلقت حملة تطبيق الشراكة الجماعية التي بدأت في 1929 وركزت على أوكرانيا بغرض تثوير الزراعة الروسية، وتكوين فائض من الحبوب يدفع جهود التحول إلى التصنيع إلى الأمام، فحصدت المجاعة 11 مليون شخص. [المترجم]

يغذي النمو العالمي، وها هو عملاق عالمي جديد يستغل إفريقيا مرة أخرى بسبب مواردها الطبيعية الهائلة.

أغرقت الحرب بين الرأسمالية والشيوعية العالم أكثر وأكثر في وحْل المادية، ودمرت بقايا المجتمعات التقليدية. لقد ضمن الانتصار الرأسمالي أن الأمر لن يستغرق أكثر من بضعة عقود حتى تصل الصنمية الحديثة إلى مرحلة النضج الكامل، وتصبح هي المعيار العالمي الذي تحذو حذوه جميع الأمم.

عند سرد قائمة بالفوائد التي قدمتها الإمبراطورية، فإن المدافعين عنها الذين يريدون جعل بريطانيا عظيمة مرة أخرى يضعون على رأس تلك القائمة سيادة القانون. غير أنه ما من شيء يفضح الوهم الأوروبي فضحًا تامًا أكثر من فكرة الأوروبيين بأن الثقافات والحضارات التي اجتاحوها كانت مجرَّدة من القانون. إن إضفاء الأوروبيين المثالية على العوالم الميتة لليونان وروما منعهم من التعرف إلى العوالم الحية واحترامها والارتباط بها، فدمروها معتقدين أنها لا تحوي أي قيمة. وقد عبَّر اللورد ماكولاي[1] عن هذا الموقف بوضوح في «مذكرة التعليم» لعام 1823 عندما كتب يقول:

«من يستطيع أن ينكر أن رفًّا واحدًا من مكتبة أوروبية جيدة، بوزنِ الأدب الأصلي للهند والعرب برمته».

وأوضح في المذكرة نفسها المهمة المنتظرة التي سيحملها المحتل الأوروبي على عاتقه:

«يجب أن نبذل قصارى جهدنا لتشكيل طبقة من الأشخاص الهنود دمًا ولونًا، إنجليزًا في أذواقهم، وآرائهم، وأخلاقهم، وفكرهم».

اكتسحت قوة البريطانيين وإيمانهم المطلق بذواتهم، كل ما واجههم. لخص اللورد ماكولاي الأمر بدقة مرة أخرى:

«الإنجليز هم أعظم البشر وأرقاهم حضارة في العالم».

---

(1) لورد ماكولاي (1800–1859) مؤرخ وإمبريالي بريطاني، كان سببًا في تغيير نظام التعليم في الهند. كان يؤمن إيمانًا عميقًا بتفوق الأوروبيين ولغتهم، لا سيما الإنجليزية على اللغتين العربية والسنسكريتية تفوقًا كاسحًا.
http://www.columbia.edu/itc/mealac/pritchett/00generallinks/macaulay/txt_minute_education_1835.html
[المترجم]

أتاحت هذه الغطرسة المفرطة للبريطانيين والقوى الأوروبية الأخرى فرض نسختهم من الحضارة في جميع أنحاء العالم. تم شحن مهندسين معماريين من بريطانيا لبناء مبانٍ حكومية كلاسيكية، وكنائس قوطية في كلكتا، وتعلم شعب ملايو التاريخ الإنجليزي، وتعلُّم الإندونيسيين التاريخ الهولندي، وإجبار الجزائريين على التحدث بالفرنسية، ودفع البرازيليين إلى بناء دار أوبرا في غابات الأمازون المطيرة.

لقد ترك عالم ما بعد الإمبراطورية المستعمَرين مشحونين بالغضب والاضطراب، ويتضح ذلك أكثر ما يتضح في العالم الإسلامي.

الفصل السابع
عصر الأزمات

الإسلام

احتوت الحضارة الإسلامية في داخلها على قوة التجدد الدوري، وهذا العالم الذي يتمتع بمثل هذا الاستقرار والقوة والاستدامة لم يكن من الممكن احتلاله وتدميره إلا من قوة تأتيه من الخارج، وكما رأينا في الفصل السابق جاء هذا الغزو من الغرب. بالنسبة لعالم الإسلام، وجميع الثقافات والحضارات الأخرى غير الأوروبية، بدأ عصر الأزمات بهذا التدمير. كان الدمار شاملًا، والعالم الذي حل محل العالم القديم غريب جدًّا إلى درجة أن المسلمين أُصيبوا بصدمة نفسية وفقدوا ذاكرتهم.

لا شيء ينقل هذا الأمر بوضوح أكثر مما حدث للعمارة الإسلامية. ففي القرن التاسع عشر تخلى العثمانيون عن تقاليدهم واستبدلوا بها الكلاسيكية الغربية بعد أن أحبطهم النجاح الواضح للغرب. وبعد عقود عديدة، في ستينيات القرن العشرين، التحق المهندس المعماري المصري الشاب عبد الواحد الوكيل بقسم الهندسة المعمارية بجامعة القاهرة، وأراد دراسة العمارة الإسلامية. لكن المنهج الدراسي تضمن العمارة الكلاسيكية والحديثة فقط. ولحسن الحظ، وجد من يقدمه إلى المعماري المصري حسن فتحي[1] صاحب الشخصية المتفردة، وكان يستعيد مبادئ ذلك التراث بمفرده. في ثمانينيات القرن العشرين، حقق عبد الواحد الوكيل تلك المبادئ في سلسلة من المساجد فائقة الجمال، وأقيمت عشرات الصروح في المملكة العربية السعودية على مدى عقد من الزمان، بما في ذلك إعادة بناء مسجد قباء، وهو أول مسجد بني في الإسلام.

في تلك الأراضي الإسلامية التي استعمرها الأوروبيون لم تحلَّ النماذج الأوروبية محل تقاليدها المعمارية فحسب، بل حلت محل ثقافاتهم بأكملها، بدرجة أو أخرى. وعانى

---

(1) حسن فتحي (1900–1989) أحد أبرز المعماريين المصريين، أنشأ قرية القرنة في الأقصر في أواخر الأربعينيات، ليقطنها أكثر من 3 آلاف أسرة. دوَّن تجربته في كتاب «عمارة الفقراء». [المترجم]

الإسلام في الهند من تدمير رهيب بعد تمرد عام 1857[1] إذ دمرت طبقة المثقفين المسلمين وقوّض نظام التعليم العالي، ما أحدث فراغًا خطيرًا. تلك الدول التي ظلت مستقلة، كما رأينا، نفذت عملية التدمير ضد ذاتها. ومع انهيار الحضارة الإسلامية، تشرذمت التركيبة التي جمعت كل فروع المعرفة في تأمل وحدة الإله. في ظل هذا التشظي تم التعبير عن مختلف النهج الممكنة بطريقة منفصلة انتهكت مبدأ إحاطة الكل بالجزء، فادعى كل اتجاه لنفسه امتلاك الحقيقة الكاملة. على سبيل المثال، ظل الحَرفيون «السلفيون» متمسكين بالمعنى الظاهر للنص، فهُم صورة للإصلاح البروتستانتي بتخليه عن التراث التاريخي والعودة إلى الأصول، بينما فرض العقلانيون المعتزلة الجدد تأويلاتهم العقلانية على الوحي، تأثرًا بهيمنة العلم الحديث. وكلا الاتجاهين ينكران صحة الصوفية. ومن دون حماية التسلسل الهرمي للمعرفة صارت الصوفية الحقيقية ضعيفة، وصارت تبدو كأنها غريبة عن الإسلام.

هذا التدمير لعالم ظل ناجحًا ومهيمنًا على مدى ألف عام، دفع المسلمين المصابين بصدمة نفسية إلى طرح السؤال: كيف لهذا أن يحدث؟ وكانت الاستجابة الطبيعية للغاية هي أن يلوم المسلمون أنفسهم. فقد ابتعدوا عن الله، وما كان يحدث هو عقاب الله عليهم. أخذ هذا الفخ يتشكّل وأسر العقل المسلم. أمكن للمسلمين أن يشجبوا الانحطاط الأخلاقي الذي يرونه في الغرب لكن من ناحية أخرى أذهلتهم قوة العلم الحديث. واستبطن المسلمون الأسطورة التي نشأت في إطار سردية التقدم، وموجزها هو أن الإسلام قدَّم طوال العصور المظلمة في أوروبا مساهمة كبيرة في تطوير العلم الحديث، ولولا المساهمة الإسلامية لما بزغت النهضة الأوروبية. فبعد «العصر الذهبي» للإسلام، تراجع المسلمون، وأصابهم الركود، واستولى عليهم النوم، وغيبوا عقولهم جميعًا. والآن عليهم أن يهبوا من سباتهم ويلحقوا بالركب. وصارت المزاوجة بين الإسلام والعلم الحديث المسعى الأكبر الذي شغل أذهان المثقفين المسلمين وما يزال يشغلها. إنه مسعى يستحيل تحقيقه، فقد انبثق العلم الحديث من العقلية المادية التي حطمت التوازن وأنتجت عصر الأزمة.

يمكننا أن نرى ثلاث مراحل مرت بها حضارات العالم وثقافاته عندما واجهت قوة الغرب التي لا تقاوم. في البداية قاتل أهل تلك الحضارات للدفاع عن أراضيهم. أما في

---

(1) العصيان الهندي، ويطلق عليه في الهند «الحرب الأولى للاستقلال»، ثورة الجنود الهنود بين 1857–1858 ضد الضباط الإنجليز التابعين لشركة الهند الشرقية. سحق الإنجليز الثورة، وسيطر التاج البريطاني على البلاد، وحل محل إدارة شركة الهند الشرقية. [المترجم]

المرحلة الثانية، فقد استسلم الناس في الغالب إلى حكامهم الجدد بمجرد احتلال أرضهم، مع اندلاع موجات تمرد متقطعة؛ ومن ثم سحقهم بلا رحمة. والمرحلة الثالثة تمثلت في تشرُّب النظام الغربي، أو ترك الحضارة أطلالًا تحت وطأة الفقر. ويحصل التشرب عبر تبني نموذج الدولة القومية ذات السيادة والتعليم الغربي وقوة العلم الحديث.

في البداية، تركت قوة العلم الحديث بصمتها بواسطة الحرب العسكرية. ومع امتثال الدول للواقع الجديد، فُتحت الأبواب أمام الخبراء والمتخصصين الغربيين، الذين جلبوا في أعقابهم الحزمة الحديثة برمتها. أما الدول التي لم تكن مستعمَرة، فقد فرضت على نفسها عملية التغريب. وقد رأينا سابقًا ما حدث لليابان. اتبعت الإمبراطورية العثمانية المسار نفسه، ومرت العملية على مراحل: خلال القرن التاسع عشر جاء خبراء عسكريون غربيون، وأعقب ذلك إصلاح نظام التعليم وتدوين القانون. وعلى نحو ما ذكرنا أعلاه، تبددت ثقة السلاطين العثمانيين في أنفسهم بسبب نجاح الغرب، حتى أنهم تركوا قصورهم التقليدية وشيدوا قصورًا كلاسيكية على غرار قصر فرساي؛ ما أدى إلى إفلاس الدولة تقريبًا. بعد هزيمتهم في الحرب العالمية الأولى، جرى التحديث والتغريب الشاملين، وتحولت الإمبراطورية العثمانية إلى الدولة القومية التركية. وعند تلك المرحلة تفككت دار الإسلام تمامًا.

أدى تفكك الحضارة الإسلامية إلى ظهور دول قومية مستبدة، ودول قومية انزلقت إلى فوضى كاملة. انهار التعايش بين المزارعين والبدو بسبب الأعمال التجارية الزراعية الحديثة؛ ما أدى إلى صراع مروع ومذابح، كما هي الحال في دارفور ومنطقة الساحل. وأمام النجاح الظاهر للغرب والفوضى داخل العالم الإسلامي، يشعر الشباب المسلمون بالارتباك الشديد، ويفقد كثيرون إيمانهم بالإسلام. ويستهدفهم الملحدون المتحمسون، وتُنشر كتب البريطاني ريتشارد دوكينز، كبير كهنتهم، بالترجمات العربية والفارسية والأردية، وتتاح مجانًا للقراء. ونرى اتجاهًا آخر يتمثل في محاولة جعل الإسلام متوافقًا مع الحداثة. وهكذا صارت الحداثة المتغيرة باستمرار هي المعيار الذي نحكم به على الإسلام. وغالبًا ما يركز هذا الحكم على السلوك الشاذ والإجرامي لبعض المسلمين، الذي هو في الواقع مناقض للقيم الإسلامية.

كل الثقافات والحضارات التقليدية التي دمرت لإفساح المجال للعالم الحديث، حاق بها الصراع الأهلي والفوضى والاضطراب والعنف. لكن الاستجابة لتدميرها كانت تقع في الغالب داخل حدودها الوطنية، باستثناء الإسلام؛ إذ بسبب عدم وجود حدود وطنية للإسلام

كانت استجابته عالمية وما تزال، وتتجاوز كل الحضارات التي سبقته نطاقًا وحدَّة. وكلما زادت وحدة الكيان وتوازنه واستقراره، زادت الفوضى والاضطراب والصراع والعنف الناجم عن تحطيمه. إن جميع أشكال الاستجابة الإنسانية على تباينها تحدث داخل الأمة الإسلامية، سواء ردود الفعل الهادئة، ومشاعر الشفقة والصبر، أو الغضب والعنف والإجرام.

برزت الظاهرة المعروفة باسم «رقصة الأشباح» (Ghost Dance) في أوساط المسلمين المحبطين الذين يشهدون اضطهاد إخوانهم المسلمين ومعاناتهم في جميع أنحاء العالم. نشأت هذه الممارسة مع هنود السهول في أمريكا الشمالية في الوقت الذي سيطر عليهم اليأس الكامل. فقد ظهر قائد روحاني مخلِّص يحمل رسالة أمل وخلاص؛ إذ بواسطة ممارسة تلك الرقصة، سيعود الأجداد إلى الظهور وسيطرد الجيش الرجل الأبيض وستعود قطعان الجاموس إلى الأراضي، ويعود كل شيء إلى ما كان عليه قبل وصول الرجل الأبيض. كان ذلك التمرد، الذي انتشر عبر السهول الكبرى، بمثابة آخر انتفاضة مأساوية لهنود السهول. ألهمت الظاهرة ما يُعرف باسم «تمرد الملاكمين» في الصين (Boxer Rebellion)[1] وعجَّلت بآخر عمل كبير للمقاومة ضد النهب الأوروبي لـ«الإمبراطورية السماوية». وفي أوساط المسلمين ظهرت الظاهرة نفسها في المحاولة العبثية لإعادة الخلافة، وهو فعل مليء بالوهم والغضب والانتقام، ويتجاوز كل مبدأ من مبادئ الدين الذي يدعي أنه يمثله، وحوَّل الإسلام في نظر العالم إلى نقيضه؛ ما ألقى الرعب واليأس في أفئدة معظم المسلمين المؤمنين.

ومع ذلك يستمر الإسلام في الانتشار في جميع أنحاء العالم. إن الجاذبية العالمية للإسلام ما تزال حية. يخاطب الوحي البشرية جمعاء، ومثلما رأينا فقد تُرجم إلى حضارة ناجحة. إن المسلم والمسلمة على وفاق وانسجام في العالم، فهما مواطنان عالميان بحق. في هذا الوقت، عندما تتمزق الإنسانية جمعاء بسبب عدم الاستقرار والمعاناة والخوف، يجد العديد من المسلمين، المحاطين بعالم في أزمة، الإلهامَ والعزاء في ثلاثة عشر عامًا من المحن عاشها الرسول ﷺ في مكة، ويحاولون الاقتداء به متمسكين بالصبر والتسامح والرحمة والمحبة للإنسانية والخلق أجمعين؛ لأن جوهر الإسلام المقدس ما يزال سليمًا ونابضًا بالكامل. وتجلى الإسلام كاملًا في زمن النبي ﷺ، وتشكلت حضارة عالمية مثالية في زمنه، بوصفها ملاذًا من العاصفة التي تمر بها البشرية.

---

(1) تمرد الصينيين ضد الوجود الغربي في بلادهم عام 1900. [المترجم]

الغرب

تشكلت ملامح عصر الأزمات منذ وقت طويل، وقد تتبعنا مساره منذ انهيار العالم المسيحي الغربي حتى هبوب العاصفة التي تحيط بنا حاليًّا. وما شهدناه في كل فصل من فصول هذا الكتاب ليس صعودًا بل انحدارًا، من الروحانية الكثيفة مرورًا بالنزعة الإنسية وصولًا إلى المادية الشاملة. في الفصل الأول، انتقلنا من سيادة الله عز وجل إلى سيادة الفرد. وفي الفصل الثاني، انتقلنا من مجتمع محوره الله تعالى وتحكمه الالتزامات إلى مجتمع محوره الإنسان الذي يؤكد حقوقه. وفي الفصل الثالث، تحولنا من التأملات الدينية التي تسعى إلى فهم مراد الله عز وجل، إلى العلماء المعاصرين الذين يحاولون فهم كيفية نشوء العالم المادي ومكوناته. وفي الفصل الرابع، انتقلنا من الزاهد المسيحي إلى المستهلِك الحديث. وفي الفصل الخامس، انحدرنا من جمال الكاتدرائية الراقي إلى فوضى الفن الحديث وقبحه. وفي الفصل السادس، انتقلنا من العالَم المسيحي الغربي الذي يعيش على حافة العالم المتحضر إلى غزو الغرب «المتحضر» المولود من جديد باقي أجزاء العالم، وتشكيل الغرب العالم الحديث. وأخيرًا، نصل في هذا الفصل إلى عصر الأزمات. ويكمن في صميم هذا المسار الهابط انهيار العالم المسيحي؛ إذ بمجرد اختراق الجدران، لم يكن ثمة شيء بإمكانه كبح الانحدار المتزايد باستمرار إلى المادية، الذي خرج الآن عن نطاق السيطرة، وأنتج عالمًا وأسلوب حياة بعيدًا كل البعد عن المثل العليا للمسيحية.

عصر الأزمات هو ذروة ما وصفته هيئة المسح الجيولوجي البريطانية بأنه عصر جيولوجي جديد:

> «أصبح البشر الآن محركي تغيير بيئي لم يشهده تاريخ الأرض من قبل؛ إذ تعدُّ التغييرات البيولوجية والكيميائية والفيزيائية التي يدفع بها الإنسان في نظام الأرض كبيرة وسريعة ومتميزة للغاية، إلى حد أنها قد تميز حقبة جديدة بالكامل-حقبة الأنثروبوسين»[1].

---

(1) حقبة الأنثروبوسين (the Anthropocene)، فترة غير رسمية من الزمن الجيولوجي، وتمتد من النصف الثاني من القرن الثامن عشر حتى الوقت الحاضر. وتتميز ببدء الأنشطة الجماعية للبشر في تغيير سطح الأرض، والغلاف الجوي، والمحيطات، وأنظمة دورة المغذيات إلى حد كبير. والاسم مشتق من اليونانية، ويعني «العصر الحديث للإنسان». [المترجم]

بحلول عصر انقسام الذرة وإلقاء القنبلة النووية اجتمعت لدى البشرية للمرة الأولى في تاريخها القدرة على تدمير نفسها. وعلى مدى السنوات السبعين الماضية تضاعفت هذه القوة؛ وَفْقًا للمبدأ السفلي القائل بأنه كلما تعمقتَ في المادة، زادت القوى التي تُطلق. مع الإطلاق المتزايد باستمرار للقوى داخل المجال المادي، تصاعدت الأزمات وصار العالم المادي الذي كان يومًا غير مؤذٍ عالمًا عدائيًّا ولا يمكن التنبؤ به.

لقد تحطمت السردية الكبرى التي أتاحت هدفًا للعالم الغربي؛ فالمجتمعات منقسمة، والأرضية الوسطى للديمقراطية الليبرالية تميد تحت الأقدام.

ويستولي الذكاء الاصطناعي تدريجيًّا على نطاق متزايد من المهن البشرية. إن الهوة بين الأغنياء والفقراء آخذة في الاتساع، والديون آخذة في الازدياد، وتتزايد صعوبة الحفاظ على أسلوب الحياة الحديثة. والسياسيون يستغلون أمجاد الماضي والنزعة القومية والخوف من الأجانب في محاولاتهم لإحياء مجتمعاتهم»[1].

لكن يمكننا التدليل على أن الخطر الأكبر هو أن إخفاق الحداثة قد أفرز فلسفةً تهدد بالانهيار الكامل للمجتمع. لقد دخلت ما بعد الحداثة إلى التيار الرئيسي في الغرب وها هي تفكِّك النظام الاجتماعي. وحلَّ التماثل محل التكامل في العلاقات الإنسانية. إن سيادة الفرد وحريته وحقوقه صارت مكرسة الآن في فلسفة اختزلتْ كلَّ شيء إلى النسبية. إن كل ما يُبقي الانقسام الحالي متماسكًا هو دينامية النمو الاقتصادي. وما إن يتعثر هذا النمو الاقتصادي فلن يبقى شيء. ولكن ما لا يصدق، إن فكرة التقدم قوية جدًّا إلى درجة أنها تمكنت من إدراج ما بعد الحداثة، التي تسبِّب زوالها، داخل سرديتها.

أولًا حاول الغرب فرض المسيحية على بقية العالم، ثم حاول فرض نسخته من الحضارة ثم الحداثة. والآن، يحاول فرض ما بعد الحداثة على الإنسانية جمعاء، في تجلٍّ لآخر فعل للنزعة الاستثنائية الغربية.

---

(1) شهدت السنوات القليلة الماضية صعودًا متزايدًا لليمين المتشدد والمتطرف في الولايات المتحدة وأوروبا، وارتقاء أحزابه إلى السلطة.

لمزيد من الاطلاع:

The Politics of Fear: The Shameless Normalization of Far-Right Discourse, second edition, by Ruth Wodak.

[المترجم]

ومع ذلك، ما يزال هناك مخزون كبير من التعاطف والتفكير في الغرب. هناك كرم في الاستجابة للأزمات التي تحدث في جميع أنحاء العالم، وقد كرس كثيرون حياتهم للتخفيف من معاناة المتضررين. ويُستثمر قدر من التفكير العميق في محاولة فهم ما يحدث، وإيجاد طريقة أفضل للعيش المستدام على الأرض. ويدرك الكثيرون الحكمة الموجودة في ثقافات ما قبل العصر الحديث، ويسعون إلى الحفاظ على نظم الزراعة التقليدية والصحة والمعرفة وممارستها وتعزيزها. إن الوعي بالهاوية التي توشك أن تنزلق إليها الإنسانية والرغبة في التراجع عن حافتها يتزايد يومًا بعد يوم، مع وصول أخبار الأزمات المتصاعدة إلى كل ركن من أركان المعمورة.

الخاتمة

كيف تأثر فَهْمُنا للإسلام والغرب بتغيير منظورنا من التقدم إلى التوازن؟ من حيث المبدأ، لقد انعكست الأوضاع. في سردية التقدم، كان القوس الغربي صاعدًا بينما القوس الإسلامي في حالة ركود وانحدار. أما في السردية الجديدة، حافظ الإسلام على التوازن، بينما كسره الغرب فانحدر بسرعة أكبر إلى عالم المادية.

بالنسبة للمسلمين لم تعد قصتهم قصة إخفاق. قدمت الحضارة الإسلامية إطارًا فكريًّا وبيئيًّا يمكن من خلاله تحقيق السلام في جميع مناحي الحياة. كان مبدأ الميزان الإسلامي بكل معاني الكلمة –«التوازن والإنصاف والعدالة»– كامنًا في قلب هذا العالم، وما يزال حجر الأساس للدين. وكان للحضارة الإسلامية قدرة مذهلة على التجديد الدوري. وعلى نحو ما رأينا، كان لا بد أن يأتي تدميرها من قوة خارجية. وفي الزمن الحاضر يعاني المسلمون من تحطم عالمهم. ولكنهم ليسوا وحدهم؛ إذ كان لا بد من تدمير جميع الثقافات والحضارات التقليدية لإفساح المجال للعالم الحديث، وأول ما تم تدميره كان العالم المسيحي الغربي نفسه.

من منظور التوازن، يتضح عدم واقعية الغرب الحديث. ففي ظل انتهاك مبدأ إحاطة الكل بالجزء والمبدأ السفلي اختل التوازن، وتشكَّل عالم شاذٌّ يطلق قوى تدمير أكبر من أي وقت مضى.

ومع ذلك، فقد تردد صدى التحذيرات على مر القرون من داخل الغرب، لا سيما في إنجلترا. تحكي مسرحية مارلو بعنوان «دكتور فاوستس»[1] قصة رجل يبيع روحه للشيطان في مقابل تسيُّده على الكون المرئي. وصرح مارسيلوس في «هاملت» قائلًا: «ثمَّة شيء

(1) دكتور فاوستس: أسطورة ارتبطت برجل ألماني مات عام 1540. كان أول من استغلها في عمل أدبي مسجل الأديب الإنجليزي كريستوفر مارلو (1564–1593) في مسرحيته الشهيرة (عام 1590)، وتحكي قصة عالم فلكي باع روحه إلى الشيطان في مقابل حصوله على المعرفة والقوة. ثم قدمها الشاعر الألماني غوته في جزأين (الأول في 1806 والثاني في 1831)، وقدمها توماس مان في عمل روائي في عام 1947. وظهرت القصة في أعمال موسيقية، وأفلام ومسلسلات تلفزيونية. [المترجم]

عفن في دولة الدنمارك»، وضاع فردوس ملتون. أما «الطواحين الشيطانية السوداء» للشاعر وليام بليك[1] فهي تدمر روحانية «الأرض الخضراء الجميلة». ويصف وردِزورث كيف أن «الرجال، والفتيات، والشباب، والأمهات، والأطفال الصغار، والأولاد والبنات» يدخلون «المعابد» الشيطانية الجديدة، ويتم تقديمهم «قرابين دائمة»... «ليغنموا صنم المملكة البارع». وعلى سبيل استعراض الهاجس بشأن المستقبل الرهيب للعلوم الجديدة، خلقت ماري شيلي وحش «فرانكشتاين».

مع دخولنا إلى القرن العشرين، تواصلت التحذيرات. بالنسبة للشاعر إليوت[2] فإننا نحوِّل أرواحنا والعالم من حولنا إلى «أرض خراب». ويلخص الشاعر الإيرلندي و. ب. ييتس الفوضى المتجمعة بين الحربين العالميتين في بداية قصيدته «المجيء الثاني»:

«الأشياء تتداعى والمركز لا يمكنه الصمود،
فوضى خالصة انطلقت صوب العالم.
وانطلق المد الدموي الباهت في كل مكان،
وحفل البراءة أُغرق؛
الأفضل يعوزه الاقتناع الراسخ،
أما الأسوأ فقلبه يفيض بحدّةٍ متحمسة».

أما بالنسبة للرؤية الديستوبية للمستقبل التي نجلبها على أنفسنا، فقد قدم لنا الأدب رواية «عالم جديد شجاع» للكاتب ألدوس هكسلي، ورواية «1984» للكاتب جورج أورويِل.

في إنجلترا، حيث وُلدت الثورة الصناعية، ظهرت رغبة مستمرة في العودة إلى الماضي عندما كانت المجتمعات منسجمة مع الطبيعة، وعندما كانت الكنيسة والكاتدرائية في صميم حياة القرية والمدينة. خاض العديد من الأشخاص والحركات معركة للحفاظ على بيئتنا التقليدية وطريقة حياتنا، واستعادتها في مواجهة الحصار المتزايد للحداثة باستمرار: وِليام

(1) شاعر بريطاني (1757–1827). والقصيدة المشار إليها اسمها «القدس» (Jerusalem) وصدرت عام 1808. ينتمي وليام بليك إلى الحركة الرومانسية (1770–1850) ومن أعلامها: جون كيتس، بيرسي بيش شيلي، ووليام وردزورث. وكانت رد فعل على النزعة الكلاسيكية والعقلانية، وعلى الثورتين: الفرنسية، والصناعية. وغلب على شعر تلك الحركة الدعوة إلى العودة إلى الطبيعة، والإيمان بخير البشرية. [المترجم]

(2) توماس ستيرنز إليوت (1888–1965)، شاعر، ومسرحي، وناقد أمريكي، استقر في إنجلترا، ونشر قصيدته الأشهر «الأرض الخراب» في عام 1922. [المترجم]

كوبيت في كتاباته وحملاته، بوجين وإحياء العمارة القوطية، حركة أكسفورد واستعادة التقاليد الكاثوليكية، جون رَسكين ووِليام موريس في محاولتهما لاستعادة الحِرفية والجَمَال في وجه المنتجات المصنوعة في المصنع، والمحاولات العديدة للعودة إلى الأرض والزراعة بطرق منسجمة مع الطبيعة.

إن جمال بيئتنا التقليدية والمباني التي شيدت لتمجيد الله عز وجل وعبادته، هي تذكير دائم بمركزية الدين في أسلوب حياتنا عبر معظم تاريخنا. ظل هذا صحيحًا حتى العقود الأخيرة عندما تجلَّت الصنمية الحديثة تمامًا وولَّدت عصر الأزمات.

مسرد المصطلحات الرئيسية

الميزان: مصطلح عربي يمكن ترجمته إلى توازن، أو عدالة، أو مقياس، أو انسجام، أو موازين. وهو مصطلح ينطوي على بُعد روحي لا ينقله فَهْمنا العلماني للتوازن. وهو المفهوم الأساسي الذي تقوم عليه هذه الدراسة.

مبدأ إحاطة الكل بالجزء: «الكل يمكن أن يحتوي الجزء، ولا يمكن للجزء أن يحتوي الكل.» هذا مبدأ أساسي طورناه في هذه الدراسة. وهو مبدأ أساسي لفَهْم طبيعة الوحدة والعالمية والانحرافات التي تحدث عندما يزعم بعضهم أن الجزء هو الكل.

المبدأ السفلي: «كلما تعمقت في المادة، زادت القوى التي تُطلق». هذا مبدأ أساسي آخر طورناه في هذه الدراسة.

الثلاثي الأنطولوجي: العلاقات بين المجالات السماوية، والبشرية، والمادية.

الثلاثي المهني: الكهنة والعلماء، المحاربون ورجال الدولة، التجار والحِرفيون. هي الفئات الرئيسية التي تحدد علاقاتها طبيعة الحضارات وديناميتها.

الثلاثي الأفلاطوني: صاغ أفلاطون مبدأ الحاجة إلى تحقيق التوازن بين ثلاث ملكات داخل الإنسان، هي: الفكر، والغضب، والرغبة، وهو مبدأ تبنته وطورته المسيحية والإسلام.

التوازن الدينامي: اقترحتُ مصطلح «التوازن الدينامي» ومصدره العلوم المادية. يعرف بأنه «حالة من التوازن بين العمليات المستمرة»، أو «نظام في حالة مستقرة»، ويصف الدينامية التي تحافظ على الميزان، أو التوازن.

إضفاء الطابع المثالي على عالم ميت: إضفاء عصر النهضة طابعًا مثاليًا على العالَمين اليوناني الروماني، وهو عالم مات ودفن لألف عام؛ أدى ذلك إلى أن يصبح الأوروبي مراقِبًا منفصلًا، وفصل الدين عن الثقافة.

غسل المخيلة: الاعتماد على مصدر ترفيهي آلي يستحوذ على الخيال، وتنتج عنه حالة إدمان.

تطبيع الشاذ: اعتادت الإنسانية على العيش في حالة توجد فيها معايير أساسية. تتطلب الصنمية الحديثة تطبيع الشاذِّ من أجل وجودها.

مغالطة حديثة: الفكرة القائلة بأن البشرية تحررت من ماضي البؤس والفقر والركود، ودخلت إلى نور العصر الحديث.

الصنمية الحديثة: لقد شبهتُ العالم الحديث بعبادة صنمية. ومثلما لاحظ المؤرخ كريستوفر داوسون؛ فإن الإنسان المعاصر مقطوع عن السماء والأرض. فالحداثة لا تستقيم إلا حسب معاييرها الذاتية، ولا تتماشى مع الواقع.

مسرد الأعلام

Bishop Diego De Landa	الأسقف دييغو دي لاندا
Sultan Bayezid II	السلطان بايزيد الثاني
St Benedict of Nursia	القديس بنديكت نورسيا
St Thomas Becket	القديس توماس بِكِتْ
St Gregory the Great	القديس غريغوريوس الكبير
Eduardo Paolozzi	إدواردو باولوتسي
Yitzhak Safarti	إسحاق سافارتي
Elon Musk	إلون ماسك
Immanuel Kant	إيمانويل كَنْت
Aldous Huxley	ألدوس هكسلي
Alexander Fleming	ألكسندر فليمنغ
Anthony Burton	أنتوني برتون
Auguste Comte	أوجست كونت
Owen Jones	أوين جونز
Bartolome de las Casas	بارتولومي دي لاس كاساس
Bernard de Mandeville	برنارد دي مانديفل
Bismarck	بسمارك
Paul Hermann Mueller	بول هيرمان مولر
Tracy Emin	ترايسي إمِن
Thomas Aquinas	توما الأكويني
Thomas Paine	توماس بين
Thomas Midgley	توماس ميدجلي
Thomas Newcomen	توماس نيوكومن
JR McNeill	ج.ر. ماكنيل

Jacques Louis David	جاك لوي ديفيد
Jackson Pollock	جاكسون بولوك
Jacob Fugger	جاكوب فوجر
George Orwell	جورج أورويل
John Beddington	جون بِدِنغتون
Jose Rizal	خوسيه ريزال
Damien Hirst	دامين هيرست
David Dabydeen	ديفيد دابيدين
Richard Rex	رِتشارد ركس
Rachel Carson	راتشيل كارسون
Ray Kurzweil	راي كرزويل
Robert Bly	روبرت بلاي
Robert Reilly	روبرت رايلي
Roger Scruton	روجر سكروتون
Ross Dunn	روس دن
Sally Davies	سالي ديفيز
Stephen Hawking	ستيفن هوكينج
Cervantes	سرفانتس
Greg Steinmetz	غريغ شتاينميتس
Vandana Shiva	فاندانا شيفا
Francis Bacon	فرانسِيس بيكون
Friedrich Nietzsche	فريدريك نيتشه
Vitruvius	فيتروفيوس
Vicente Blasco	فيثينتي بلاسكو إيبانييث
Kim Allen	كِم ألِن
Chris Packham	كريس باكهام
Christopher Dawson	كريستوفر داوسون
Kenzaburo Oe	كنزابورو أو

Kirti Narayan Chaudhuri	كيرتي نارايان شودوري
Le Corbusier	لو كوربيزييه
Lawrence M Krauss	لورانس م. كراوس
Lord Macaulay	لورد ماكولاي
Luís Vaz de Camões	لويس دي كامويس
Leo Baekeland	ليو بايكلاند
Leopold II	ليوبولد الثاني
Matthew Carr	ماثيو كار
Martin Rees	مارتن ريس
Mary Shelley	ماري شيلي
McKinley	ماكينلي
Mike Davis	مايك ديفيز
Michelangelo	مايكل أنجلو
Mikhail Budyko	ميخائيل بوديكو
Norman Borlaug	نورمان بورلوغ
Harry Cliff	هاري كليف
Herbert Spencer	هربرت سبنسر
William Cobbett	وِليام كوبيت
William Wilberforce	وِليام وِلبرفورس
William White	وليام وايت
Wolfgang Kasper	وولفغانغ كاسبر
Jan Pieterszoon Coen	يان بيترسزون كوين

مسرد الكتب

Novum Organum	الأورغانون الجديد
Ecclesiastical History of the English People	التاريخ الكنسي للشعب الإنجليزي
Trade and Civilisation in the Indian Ocean: an Economic History from the Rise of Islam to 1750	التجارة والحضارة في المحيط الهندي: تاريخ اقتصادي من ظهور الإسلام حتى عام 1750
The Female Eunuch	الخصي الأنثوي
The Four Feathers	الريشات الأربع
The Second Coming	المجيء الثاني
Late Victorian Holocausts	المحارق الفكتورية المتأخرة
The Closing of the Muslim Mind	إغلاق العقل المسلم
Brief Answers to the Big Questions	أجوبة موجزة عن الأسئلة الكبيرة
Fable of the Bees	أمثولة النحل
Coolie Odyssey	أوديسا كولي
Bitter Lake	بحيرة مريرة
Chronicle of the Seekers	تاريخ الباحثين
The Limits to Growth	حدود النمو
Rights of Man	حقوق الإنسان
Don Quixote	دون كيشوت
Silent Spring	ربيع صامت
The Rise and Fall of King Cotton	صعود الملك القطن وسقوطه
Brave New World	عالم جديد شجاع

The Grammar of Chinese Ornament	قواعد الزخرفة الصينية
The Lusiads	لوسيادس
Sibling Society	مجتمع الأخوة
Education Memorandum	مذكرة التعليم
The Making of Martin Luther	نجاح مارتن لوثر